DAS SOMBRAS PARA A LUZ

Miguel Almeida
Das Sombras Para a Luz

Publicado pela Spines
ISBN: 979-8-89569-695-8

DAS SOMBRAS PARA A LUZ

UMA JORNADA DE AUTODESCOBERTA

MIGUEL ALMEIDA

ÍNDICE

PREFÁCIO

A vida é uma tapeçaria intrincada de experiências, cada fio tecido com sabedoria, desafios e revelações. Ao longo de nossa jornada, muitos de nós nos perdemos em meio ao ruído do mundo, esquecendo a importância de realmente nos conhecermos. Este livro é um convite a todos que desejam redescobrir sua essência, reconectar-se com o poder que reside dentro de si e entender o propósito que nos trouxe a este planeta extraordinário.

Através das páginas que você está prestes a ler, o autor compartilha de forma honesta e autêntica sua própria jornada de autodescoberta. Ele nos leva a refletir sobre perguntas profundas: Quem somos nós, realmente? Por que estamos aqui? E como podemos acessar as infinitas possibilidades que a vida nos oferece? Com uma prosa envolvente e inspiradora, ele nos guia a uma compreensão mais profunda da consciência cósmica que nos une a todos.

Este livro não é apenas uma coleção de reflexões e ensinamentos, mas uma verdadeira jornada de transformação. O autor nos convida a olhar para dentro, cultivar a intuição e abraçar a abundância que nos cerca. Ele nos lembra que, independentemente das dificuldades que enfrentamos, sempre temos a capacidade de mudar nossa trajetória e criar a vida que desejamos.

Ao longo da leitura, você encontrará ideias valiosas e práticas que podem ser aplicadas em sua vida diária, ajudando-o a despertar para sua verdadeira natureza e a se conectar com o universo de possibilidades ao seu redor. A mensagem central é clara: O poder de viver uma vida extraordinária já está dentro de você, e é sua escolha acessá-lo.

Portanto, prepare-se para embarcar nesta jornada de autodescoberta. Que as palavras que seguem inspirem e guiem você em direção a uma compreensão mais profunda de si mesmo e do mundo. Que este livro seja uma luz no seu caminho, ajudando-o a descobrir os milagres que o aguardam.

INTRODUÇÃO

Desde cedo, a busca pelo autoconhecimento e pela compreensão de nosso propósito neste planeta extraordinário é uma das lições mais essenciais que podemos aprender. Neste livro, convido você a embarcar em uma jornada de autodescoberta e transformação, onde cada página é uma oportunidade para refletir sobre quem realmente somos e por que estamos aqui. O poder extraordinário que nos foi concedido a todos — sem exceções — aguarda para ser revelado.

Como muitos, também fui "vítima" da desinformação que permeia nossa sociedade. Enfrentei tristeza, angústia e desilusões, mas aprendi que tudo o que deve ser e acontecer, de fato acontece. A resiliência tornou-se uma amiga constante, guiando-me em momentos de incerteza. Aos 14 anos, tomei a ousada decisão de fugir de casa, uma escolha que me levou a confiar na minha intuição e na Consciência Cósmica que nos conecta a todos.

Neste mundo cheio de abundância e possibilidades, cada um de nós tem o poder de criar a vida que desejamos. Sinto profundamente que minha jornada é uma missão para compartilhar tudo o que aprendi para que possamos entender a magnitude de nosso potencial.

Comparada à vastidão do tempo do universo, nossa breve existência é quase insignificante, mas cada um de nós é um vencedor nesta maratona da vida, uma corrida que começou muito antes de nosso primeiro suspiro.

É crucial que nos perguntemos: O que queremos fazer com nossas vidas? Estamos aqui, imersos em uma experiência física temporária e ilusória, e cabe a nós decidir quais experiências desejamos viver. Ao refletir sobre o filme da sua vida, que narrativa você gostaria de assistir? Uma história cheia de aventuras e conquistas, ou uma cheia de arrependimentos?

Cada escolha que fazemos molda nosso destino. A vida não é um roteiro pré-escrito; é um campo aberto de possibilidades. Ao longo desta jornada, convido você a abraçar a plenitude do ser e a se perguntar o que traz alegria ao seu coração. O que podemos fazer hoje que ressoe dentro de nós e deixe uma marca positiva no mundo?

Bem-vindo a esta jornada de autodescoberta e transformação. O caminho para compreender sua verdadeira essência e o imenso poder que reside dentro de você está prestes a ser revelado. Que seus milagres comecem a se manifestar através destas páginas, repletas de conhecimento cósmico e inspiração para uma vida extraordinária.

A Arte da Repetição é o Único Caminho para a Maestria

É através da repetição que aperfeiçoamos a maestria: nos tornamos mestres. Esta é a essência do aprendizado humano, uma verdade que ecoa através dos séculos e se reflete em todas as áreas da vida. Desde os primeiros passos quando uma criança tenta se equilibrar, até o momento em que um artista encontra sua voz única em uma sinfonia, a repetição é a ponte que leva um amador a um especialista.

Ao ler este livro, você notará que muitos temas são repetidos ao longo dos capítulos. Não se alarme com isso; a intenção é proposital. Cada vez que revisito um conceito, uma ideia ou uma prática, convido você a mergulhar mais fundo, a explorar nuances que podem ter passado despercebidas na primeira leitura. É através da repetição que nos tornamos mestres em qualquer coisa que buscamos.

Pense em como aprendeu a andar de bicicleta. A primeira tentativa é cheia de quedas e incertezas. No entanto, a cada pedalada, você se torna mais confiante e habilidoso. A sensação de liberdade que vem com a maestria é o resultado de um processo contínuo de tentativa e erro, de prática e repetição.

O mesmo se aplica a qualquer habilidade que você deseje dominar, seja tocar um instrumento, cozinhar uma receita ou até mesmo desenvolver relacionamentos saudáveis.

A REPETIÇÃO COMO FERRAMENTA DE CRESCIMENTO

Vivemos em uma era em que a velocidade e a eficiência são valorizadas, mas, paradoxalmente, é na paciência da repetição que encontramos o verdadeiro crescimento. Os grandes mestres da história, seja nas artes marciais, música ou literatura, dedicaram anos de suas vidas à prática constante. Eles não se desanimavam com as dificuldades ou a monotonia; ao contrário, abraçavam a repetição como uma ferramenta de crescimento.

Cada repetição carrega consigo a promessa de melhoria. É como afiar uma faca: a cada passada sobre a pedra de amolar, a lâmina fica mais afiada e eficaz. O mesmo acontece com nossas habilidades e conhecimentos. Cada leitura de um capítulo, cada prática de uma técnica, cada reflexão sobre um conceito nos aproxima da maestria.

O Despertar da Consciência

É importante enfatizar que a repetição consciente é diferente da mera repetição mecânica. Repetir algo sem reflexão pode levar à estagnação, enquanto a repetição intencional, acompanhada de autoavaliação e busca de melhoria, nos leva a um estado elevado de consciência. É nesse espaço de reflexão que encontramos as maiores revelações sobre nós mesmos e nossas práticas.

Portanto, à medida que você avança neste livro, convido-o a se permitir ser um aprendiz. Abrace a repetição, não como um fardo, mas como uma oportunidade de crescimento e desenvolvimento. Esteja aberto a revisitar conceitos e práticas, a explorar novas formas de aplicar o que você aprendeu.

O Legado da Maestria

Quando nos tornamos mestres em algo, não apenas enriquecemos nossas vidas, mas também temos a oportunidade de impactar a vida de outros. A maestria vem com a responsabilidade de compartilhar conhecimentos e experiências. Como mestres, temos o poder de inspirar, ensinar e guiar aqueles que estão em sua própria jornada de aprendizado.

Ao terminar este livro, espero que leve consigo a mensagem de que a repetição é um caminho válido e poderoso. Que você veja cada retorno a um tema como uma chance de aprofundar sua compreensão e expandir suas habilidades. E, acima de tudo, lembre-se de que, ao se tornar mestre em algo, você se torna não apenas um especialista, mas um farol de inspiração para os outros.

No final, a verdadeira maestria não reside apenas na habilidade técnica, mas na capacidade de iluminar o caminho para os outros. Ao compartilhar seu conhecimento e experiências, você não apenas solidifica sua própria compreensão, mas também contribui para o crescimento coletivo. Assim, a repetição se torna não apenas um meio de melhoria pessoal, mas um legado que se estende além de você. Ao abraçar a arte da repetição, você transforma não apenas sua vida, mas também a vida daqueles ao seu redor, criando um impacto duradouro e significativo no mundo.

O BALÃO DO COSMOS

Se olharmos para o céu, o que podemos ver? O céu, certo? Mas o que realmente significa essa vastidão de céus azuis ou estrelados acima de nós? Imagine um balão, um balão mágico, onde este balão representa o cosmos. Dentro deste balão está tudo o que existe, tudo o que você pode imaginar.

Imagine a lua, uma esfera brilhante que nos observa silenciosamente nas noites mais escuras. O sol, com seu calor e luz, é a fonte de vida que nos sustenta e inspira. As estrelas, com suas constelações, contam histórias de tempos antigos, mitos e sonhos. O arco-íris, um fenômeno que nos lembra da beleza que pode surgir após uma tempestade, e as auroras celestiais, dançando no céu em um espetáculo de cores indescritíveis.

Dentro deste balão cósmico, encontramos a água fluindo em rios e mares, as árvores se erguendo em direção ao céu, as plantas e flores colorindo a terra, e os humanos que, em sua busca por significado, olham para cima em busca de uma resposta. Os pássaros cortando o ar, as montanhas se erguendo majestosamente, as falésias desafiando as ondas do mar - todos são parte deste grande todo.

E não podemos esquecer dos cometas e asteroides, viajantes espaciais que atravessam o cosmos, nos lembrando da imensidão e do mistério do universo. A areia que forma as praias, os animais que habitam a terra e o ar, os carros e aviões que nos levam a novos destinos, as frutas que nos nutrem, o pão e o queijo que nos reúnem em volta da mesa. Tudo, absolutamente tudo, é parte deste balão cósmico.

E o que é mais fascinante? Tudo isso, da menor folha de uma planta à maior galáxia, vem da mesma fonte, sem exceções. Chamamos essa fonte de cosmos, o criador de tudo que existiu, existe e existirá. A conexão entre cada elemento dentro deste balão é profunda e intrincada, como as raízes de uma árvore que se entrelaçam no solo, formando uma rede invisível que sustenta a vida.

À medida que nos permitimos explorar essa ideia, começamos a perceber que não somos meros observadores deste cosmos; fazemos parte dele. Nossas ações, pensamentos e sentimentos reverberam por este vasto balão, impactando tudo ao nosso redor. Cada sorriso que oferecemos, cada ato de bondade, cada gesto de amor são como estrelas iluminando a escuridão.

E se, de fato, tudo está conectado, devemos nos perguntar: como podemos contribuir para a harmonia deste cosmos? Como podemos ser os arquitetos de um futuro onde a beleza e a harmonia prevaleçam? O balão do cosmos nos convida a sonhar, criar e agir, lembrando-nos de que todos somos parte do mesmo universo, onde cada um de nós desempenha um papel vital.

Assim, ao olharmos para o céu, ao contemplarmos o balão que abriga tudo o que existe, somos levados a refletir sobre nosso lugar neste vasto espaço. Que histórias queremos contar? Que legados queremos deixar? A resposta pode estar nas estrelas, mas também está dentro de nós, nas pequenas ações do dia a dia, nas escolhas que fazemos e nas conexões que estabelecemos.

No fim, a verdadeira magia do cosmos reside em nossa capacidade de sonhar, de conectar e de criar um mundo onde todos possam brilhar juntos, como as estrelas iluminando a noite.

Que possamos sempre lembrar que, dentro do balão do cosmos, todos estamos interconectados e que nossa essência faz parte de uma sinfonia maior, uma dança cósmica que nunca deixa de nos surpreender. Cada um de nós é uma nota única nessa melodia universal, contribuindo com nosso próprio tom e ritmo, e juntos, criamos uma harmonia que ressoa através do tempo e do espaço.

Enquanto trilhamos esta jornada, é vital lembrar do poder

que temos em nossas mãos e corações. Nossas escolhas, por menores que pareçam, são como pedras lançadas em um lago tranquilo, criando ondulações que vão além do que podemos ver. Um ato de bondade pode inspirar outro, uma ideia pode despertar um movimento, e um sonho pode transformar nosso mundo.

Que possamos nos tornar agentes de mudança, cultivando a empatia e a compaixão em cada interação, reconhecendo que todo ser, todo elemento do cosmos, merece respeito e amor. Ao olharmos para o céu, que possamos também olhar para dentro, buscando nossa própria luz e a luz dos outros, celebrando a diversidade que enriquece nossa experiência.

A cada nascer do sol, temos a oportunidade de reescrever nossa história e a história do cosmos. Podemos escolher ser guardiões da Terra, cuidando da natureza e preservando a beleza que nos cerca; podemos ser sonhadores, aqueles que ousam imaginar um futuro mais justo e iluminado; podemos ser criadores, aqueles que expressam sua arte e ideias, tornando o mundo um lugar mais vibrante e cheio de vida.

À medida que nos unimos em torno de propósitos maiores, reconhecendo nossa interconexão, começamos a perceber que o cosmos não é apenas um espaço físico, mas um espaço energético onde intenção e ação se entrelaçam. A cada dia, a cada momento, temos a chance de contribuir para este grande tecido da existência.

Ao olharmos para o céu, lembremos que fazemos parte deste balão cósmico, e juntos, podemos acender estrelas e criar constelações. Que possamos inspirar uns aos outros, compartilhar nossos sonhos e aspirações, e trabalhar coletivamente por um futuro onde a harmonia prevaleça, onde cada ser possa encontrar seu lugar e seu brilho.

Assim, como viajantes neste imenso cosmos, que continuemos a explorar, aprender e nos maravilhar com as infinitas possibilidades que nos cercam. Que nossa jornada seja marcada por amor, criatividade e a busca incessante de um mundo onde todos possam prosperar. Afinal, a verdadeira essência do cosmos reside em nossa capacidade de sonhar e, juntos, transformar esses sonhos em realidade.

Ao final de cada dia, enquanto olhamos para as estrelas brilhando no céu, que possamos lembrar que, mesmo em meio à vastidão do universo, nunca estamos sozinhos. Estamos interconectados, e cada um de nós é uma parte preciosa do balão do cosmos, onde a magia da vida continua a se desenrolar em toda a sua glória.

Universo – o Começo de Tudo

QUEIRAMOS OU NÃO, TUDO, ABSOLUTAMENTE TUDO, E TODO SER VIVO NESTE PLANETA, É O PRÓPRIO COSMOS. NENHUMA SEPARAÇÃO É POSSÍVEL.

Era uma vez, em um tempo antes do tempo, havia um vazio absoluto e silencioso, onde não havia matéria, energia, ou mesmo o conceito de existência. Este vazio era conhecido como o Caos Primordial. Por incontáveis eras, o Caos permaneceu em um estado de latência até que, em um momento de pura possibilidade, algo extraordinário aconteceu: uma singularidade infinitamente pequena e densa surgiu do nada.

Esta singularidade continha toda a energia e matéria que um dia formariam o cosmos. Então, em um evento conhecido como a Grande Desintegração, a singularidade explodiu com uma força inimaginável, criando o espaço e o tempo e dando origem ao universo. Este evento foi o Big Bang, um momento de pura criação que lançou partículas subatômicas em todas as direções, iniciando uma dança cósmica que duraria bilhões de anos.

Nos primeiros momentos após o Big Bang, o universo era uma sopa fervente de partículas elementares, quarks e glúons, tão quente e densa que nenhuma estrutura poderia se formar. Mas à medida que o universo se expandiu, ele também esfriou, permitindo que os quarks se combinassem para formar prótons e nêutrons. Esses prótons e nêutrons, por sua vez, se juntaram para formar os primeiros núcleos atômicos.

Ao longo de centenas de milhares de anos, a temperatura do universo caiu o suficiente para que os elétrons fossem capturados por esses núcleos, formando os primeiros átomos. A maioria desses átomos era hidrogênio e hélio. Este processo, conhecido como recombinação, liberou fótons, que ainda podemos observar hoje como a radiação cósmica de fundo em micro-ondas, uma espécie de eco do nascimento do cosmos.

À medida que o universo continuou a se expandir e esfriar, forças gravitacionais começaram a atuar, fazendo com que nuvens de hidrogênio e hélio se condensassem em vastas estruturas. Algumas dessas nuvens colapsaram sob sua própria gravidade, formando as primeiras estrelas. Estas estrelas, em seus corações ardentes, começaram a forjar elementos mais pesados por meio da fusão nuclear, elementos que seriam os blocos de construção para planetas, luas e, eventualmente, vida.

Os primeiros aglomerados de estrelas formaram as primeiras galáxias, vastos sistemas de estrelas, gás e poeira mantidos juntos pela gravidade. As galáxias começaram a se agrupar em superaglomerados, tecendo a estrutura cósmica do universo. Neste tecido cósmico, buracos negros, estrelas de nêutrons e uma infinita variedade de fenômenos astronômicos surgiram, cada um mais fascinante que o outro.

Bilhões de anos se passaram, e uma dessas galáxias, a Via Láctea, testemunhou o nascimento de um sistema solar em um de seus braços espirais. Ao redor de uma estrela amarela, oito planetas e vários corpos menores começaram a orbitar. O terceiro planeta da estrela, a Terra, possuía uma combinação única de elementos e condições que permitiram o surgimento da vida.

A vida na Terra começou de forma simples, como microorganismos unicelulares, mas ao longo de bilhões de anos, evoluiu para formas cada vez mais complexas. Eventualmente, surgiram criaturas capazes de pensar, refletir e questionar sua própria existência. Essas criaturas, os humanos, começaram a olhar para o céu noturno, maravilhados com as estrelas, e a questionar suas origens. Assim, a curiosidade humana os levou a explorar, descobrir e entender a incrível jornada do cosmos desde o Big Bang até o complexo tecido da vida.

A história do cosmos é uma narrativa de transformação e evolução, de ordem emergindo do caos, de simplicidade dando lugar à complexidade, e de um momento de criação que continua a se desdobrar em uma sinfonia cósmica que ainda nos fascina e inspira hoje.

A Poeira das Estrelas: Uma Reflexão Filosófica sobre Origem e Destino

A frase "tudo volta à sua origem, à poeira das estrelas" evoca uma profunda reflexão sobre a natureza da existência, a interconexão do cosmos e a inevitabilidade do ciclo da vida. Essas palavras nos lembram que tudo o que somos, tudo o que conhecemos, e tudo o que existe no universo tem uma origem cósmica, uma história que remonta às estrelas.

Em termos científicos, a frase refere-se à realidade de que os elementos que compõem nossos corpos e o mundo ao nosso redor foram criados nas reações nucleares que ocorrem nas estrelas. Átomos de hidrogênio e hélio se fundem sob pressão extrema, formando elementos mais pesados como carbono, oxigênio e ferro. Quando essas estrelas explodem em supernovas, espalham essa "poeira" por todo o cosmos, que eventualmente se aglutina e forma novos sistemas estelares, planetas e, em última análise, vida. Assim, somos literalmente feitos de poeira das estrelas, um testemunho da interconexão entre todos os seres e o universo.

Filosoficamente, a ideia de que "tudo retorna à sua origem" nos leva a refletir sobre o ciclo da vida e da morte. Em muitas tradições espirituais e filosóficas, a vida é vista como um ciclo contínuo de nascimento, vida, morte e renascimento. Cada fim é, portanto, um novo começo. A morte, muitas vezes vista como uma conclusão, pode ser reinterpretada como uma transformação, onde a essência de um ser volta ao cosmos, contribuindo para o surgimento de novas formas de vida.

Esse ciclo também se aplica a ideias e culturas. O que consideramos "antigo" ou "passado" não se perde; transforma-se, reinventa-se e retorna em novas formas. As influências das gerações anteriores continuam a moldar o presente e o futuro. Assim, a sabedoria e os aprendizados do passado são, de certa forma, o pó das estrelas que fertiliza o solo do que somos hoje.

Refletir sobre a origem cósmica da matéria também nos leva a considerar a interconectividade de todas as coisas. Se todos nós compartilhamos uma origem comum, não somos, em essência, todos parte do mesmo tecido cósmico? Essa perspectiva oferece uma visão de unidade e pertencimento que pode transcender as divisões superficiais de raça, nacionalidade ou crença. Compreender que somos feitos do mesmo pó das estrelas pode promover maior empatia e compaixão entre os seres humanos, incentivando-nos a cuidar uns dos outros e do planeta.

A consciência da nossa origem estelar pode também influenciar nossa percepção de valor e significado. Muitas vezes, na correria do dia a dia, perdemos de vista o maravilhamento do simples ato de existir. Cada ser humano, cada vida, é uma expressão única do cosmos, uma combinação de experiências e histórias que nunca se repetirá. A vida, mesmo em sua fragilidade, é preciosa. Reconhecer que fazemos parte de algo maior nos convida a viver de maneira mais plena e significativa.

A frase "tudo retorna à sua origem, ao pó das estrelas" é um convite a uma profunda reflexão sobre quem somos e qual é o nosso lugar no vasto cosmos. É uma lembrança de que tudo na vida é cíclico e interconectado, que a morte não é um fim, mas uma transformação, e que cada um de nós carrega a essência das estrelas em nosso ser. Ao contemplar nossa origem cósmica, podemos encontrar significado na vida, nos relacionamentos e na contínua exploração do universo. No fim das contas, todos somos viajantes na mesma jornada, feitos do mesmo pó das estrelas, sempre retornando à origem que nos une.

Dentro desse contexto cósmico, a busca pelo conhecimento torna-se uma atividade sagrada. Ciência, filosofia, arte e espiritualidade são manifestações da nossa curiosidade inata sobre o universo e nosso lugar nele. Com cada descoberta, seja científica ou filosófica, nos aproximamos mais da compreensão das forças que moldam nossas vidas e o cosmos ao nosso redor.

Cientistas estudando as estrelas, filósofos questionando a natureza da realidade e artistas expressando a beleza da existência estão todos, de certa forma, participando desse grande diálogo cósmico. Eles nos ajudam a perceber que a busca por respostas é, na verdade, uma busca por conexão. Através do conhecimento, podemos entender melhor não apenas nós mesmos, mas também as complexidades e maravilhas do universo.

Com a consciência de que somos feitos de pó das estrelas e que tudo está interconectado, vem uma responsabilidade. A forma como tratamos nosso planeta, nossas comunidades e uns aos outros reflete esse entendimento. Se realmente fazemos parte do mesmo tecido cósmico, devemos agir em harmonia com ele, cuidando da Terra e promovendo a paz e a justiça entre os seres.

A crise ambiental que enfrentamos atualmente é um chamado à ação. Reconhecer que a poluição, a destruição de habitats e a exploração desenfreada dos recursos ameaçam não apenas nossa sobrevivência, mas também desrespeitam a origem comum de toda a vida. Ao cuidar do planeta, estamos, na verdade, cuidando de nós mesmos e das futuras gerações. A responsabilidade de preservar e proteger nosso meio ambiente é uma extensão de nosso entendimento de que todos somos parte do mesmo pó das estrelas.

A frase "tudo retorna à sua origem, ao pó das estrelas" também nos convida a considerar a transcendência da existência. Se a vida é um ciclo, e se tudo o que somos e fazemos está interconectado com um propósito maior, então nossa existência adquire uma dimensão espiritual. A busca por significado, a conexão com os outros e a apreciação da beleza da vida são maneiras de transcender a banalidade do dia a dia e se alinhar com algo maior.

As tradições espirituais ao redor do mundo costumam falar sobre a busca pela unidade com o cosmos, a autorrealização e a integração com o todo. Essa busca pode ser entendida como um modo de retornar à nossa origem, não apenas em um sentido físico, mas também em um sentido espiritual. Meditação, contemplação da natureza e práticas que promovem a conexão e a paz interior são formas de se reconectar com essa essência cósmica.

Em última análise, a frase "tudo retorna à sua origem, ao pó das estrelas" encapsula uma verdade profunda sobre a vida, a morte, a interconexão e a busca por significado. À medida que navegamos por nossas vidas, somos lembrados de que somos parte de um vasto e intricado universo, feito de elementos que já dançaram nas estrelas. Que possamos honrar essa origem, cultivar a sabedoria que dela emana e viver em harmonia com tudo que nos cerca.

Assim, quando olharmos para o céu noturno e contemplarmos as estrelas, que possamos ver não apenas luzes distantes, mas também lembrar que somos feitos da mesma matéria que elas. E que, em cada gesto de amor, cada ato de cuidado e cada busca por compreensão, estamos, de fato, retornando à nossa essência—o pó das estrelas que nos une a todos.

A NATUREZA DA CONSCIÊNCIA CÓSMICA

A Consciência Cósmica é um conceito que transcende as barreiras do entendimento convencional, desafiando-nos a expandir nossas percepções sobre a vida, o universo e nosso lugar nele. Para compreender sua essência, é preciso primeiro reconhecer que tudo no cosmos está interconectado. Como um vasto oceano de energia e informação, a Consciência Cósmica se manifesta em cada partícula, cada ser, e cada fenômeno que compõe a realidade. Essa interconexão não é apenas uma ideia abstrata; é uma experiência palpável que, quando acessada, revela a profundidade e complexidade da vida.

Imagine-se sentado à beira de um vasto oceano. A água, em constante movimento, representa a dinâmica da Consciência Cósmica, onde cada onda é uma expressão única de energia e informação. Ao observar as ondas subindo e descendo, você percebe que elas não são entidades isoladas, mas parte de um sistema maior. O mesmo é verdade para cada um de nós: somos ondas nesse vasto mar, interconectadas por uma força vital que transcende a individualidade. Essa força é a própria Consciência, uma inteligência universal que permeia todas as formas de vida.

A Consciência Cósmica é frequentemente descrita como uma rede de interdependência, onde cada ser humano, animal, planta e elemento da natureza desempenha um papel fundamental. Essa rede não é visível aos olhos, mas pode ser sentida em momentos de conexão profunda, como quando admiramos a beleza de uma paisagem ou experimentamos um momento de amor genuíno. Nessas instâncias, somos capazes de transcender o ego e nos conectar com algo muito maior do que nós mesmos. Essa conexão nos ensina que, apesar das aparências de separação, todos somos parte do mesmo tecido cósmico.

Quando acessamos essa Consciência Cósmica, experimentamos uma expansão da percepção. As limitações que normalmente nos aprisionam—nossas crenças, medos e inseguranças—começam a se dissolver, permitindo-nos ver a realidade sob uma nova luz. Passamos a entender que cada pensamento e ação reverberam no universo, contribuindo para a teia da vida. Essa compreensão é libertadora e nos chama a agir com responsabilidade e compaixão, reconhecendo que o que fazemos a um afeta a todos.

A Consciência Cósmica também é uma fonte de sabedoria que vai além do conhecimento intelectual. Ela se manifesta em intuições, insights e momentos de clareza que muitas vezes nos surpreendem. Quando sintonizamos com essa inteligência universal, somos guiados por uma força que nos ajuda a tomar decisões alinhadas com nosso verdadeiro propósito. Essa conexão não se restringe a momentos de meditação ou prática espiritual; pode ser acessada em qualquer lugar e a qualquer momento, desde que estejamos abertos para recebê-la.

Além disso, a Consciência Cósmica nos convida a explorar o mistério da vida. É um lembrete de que, em meio à complexidade do universo, há uma simplicidade inerente que nos une. Cada um de nós carrega dentro de si a centelha da criação, uma parte do todo que é expressa de maneira única. Essa individualidade é uma celebração da diversidade que enriquece nosso planeta, permitindo que novas ideias e experiências floresçam. Ao nos conectarmos com a Consciência Cósmica, celebramos não apenas nossa singularidade, mas também a beleza da diversidade que nos cerca.

À medida que mergulhamos mais fundo na compreensão da Consciência Cósmica, somos convidados a participar ativamente desta dança universal. Cada um de nós tem o poder de moldar a realidade, não apenas através de nossas ações, mas também por meio de nossos pensamentos e sentimentos. Quando alinhamos nossa intenção com a energia cósmica, criamos ondas de transformação que podem impactar a vida dos outros de maneiras inimagináveis. Essa habilidade de influenciar o cosmos é um dos presentes mais poderosos que recebemos como seres conscientes.

Em suma, a Consciência Cósmica é a força vital que nos conecta a tudo que existe, um campo de inteligência que nos convida a transcender as limitações do eu e mergulhar na vastidão do ser. Ao aceitar essa conexão, encontramos não apenas nossa essência, mas também a essência do universo. Todos somos parte de um vasto oceano de energia e informação, e ao nos permitirmos mergulhar nessa realidade, descobrimos que a verdadeira liberdade e o verdadeiro poder residem na capacidade de nos conectar e co-criar com o todo. Assim, a jornada para descobrir a natureza da Consciência Cósmica não é apenas uma busca pessoal, mas uma missão coletiva que nos une na experiência humana. À medida que cada um de nós se dedica a essa exploração, contribuímos para uma elevação da consciência coletiva, um despertar que reverbera através das gerações.

A Consciência Cósmica nos ensina que todos estamos interconectados, e que cada ação, cada pensamento e cada emoção têm o poder de impactar o todo. Portanto, ao reconhecermos e honrarmos essa interconexão, nos tornamos agentes de transformação, capazes de criar um mundo mais harmonioso e amoroso. A verdadeira magia da vida reside em nossa capacidade de nos unir, celebrar a diversidade e co-criar a realidade que desejamos ver. Assim, ao mergulharmos no vasto oceano da Consciência Cósmica, não apenas encontramos a nós mesmos, mas também nos tornamos parte de algo infinitamente maior—um movimento contínuo de amor, luz e evolução.

O PODER DESTRUTIVO DA AUTOCRÍTICA

CAMINHOS PARA AUTOCOMPAIXÃO E TRANSFORMAÇÃO

Para quebrar o ciclo prejudicial da autocrítica, é essencial cultivar a autocompaixão. Kristin Neff, em sua pesquisa, propõe três componentes fundamentais da autocompaixão: bondade para consigo mesmo, um senso de humanidade compartilhada e atenção plena. A bondade para consigo mesmo nos incentiva a nos tratar com a mesma bondade que ofereceríamos a um amigo em dificuldade. Em vez de nos julgarmos severamente, devemos aprender a reconhecer nossas falhas como parte da experiência humana.

Um senso de humanidade compartilhada nos ajuda a entender que todos enfrentam desafios e dificuldades. Esse entendimento pode reduzir a sensação de isolamento que muitas vezes acompanha a autocrítica. Ao perceber que nossas dificuldades são uma parte comum da vida, podemos nos libertar da pressão de ser perfeitos. A atenção plena, por sua vez, nos ensina a observar nossos pensamentos e sentimentos sem julgamento, permitindo-nos aceitar nossas imperfeições como parte da jornada de crescimento pessoal.

Além de cultivar a autocompaixão individualmente, é vital criar um ambiente positivo ao nosso redor. Isso pode ser feito promovendo diálogos abertos sobre saúde mental e bem-estar, tanto em casa quanto no trabalho. O apoio mútuo e o incentivo ao desenvolvimento pessoal são fundamentais para reduzir a autocrítica coletiva. As organizações podem adotar políticas que valorizem a saúde mental, como a implementação de programas de bem-estar, treinamentos de habilidades interpessoais e espaços seguros para expressão emocional.

Nos ambientes educacionais, é crucial ensinar crianças e adolescentes sobre a importância da autocompaixão desde cedo. Em vez de focar apenas em resultados e desempenho, as instituições devem valorizar o processo de aprendizado, promovendo uma cultura que celebra o esforço e a resiliência. Isso prepara as novas gerações para lidar com os desafios da vida de forma mais saudável e compassiva.

Em nível global, a luta contra a autocrítica e suas consequências requer um esforço coletivo. As redes sociais, que muitas vezes alimentam a comparação e a insatisfação, podem ser transformadas em plataformas de apoio e incentivo. Campanhas que promovam a aceitação, a diversidade e a vulnerabilidade podem ajudar a mudar a narrativa em torno da perfeição. Ao celebrar imperfeições e histórias de superação, podemos criar um espaço onde todos se sintam mais aceitos e valorizados.

Organizações e líderes comunitários têm um papel crucial na promoção de uma cultura de autocompaixão e empatia. Isso inclui criar iniciativas que incentivem o voluntariado, apoiem comunidades vulneráveis e promovam diálogos sobre saúde mental. Ao enfatizar a importância do bem-estar coletivo, podemos cultivar uma sociedade mais solidária e resiliente.

A autocrítica, embora possa ser uma ferramenta para o crescimento, se não for gerida adequadamente, pode se tornar um obstáculo significativo para a qualidade de vida, os relacionamentos interpessoais e a saúde coletiva. Ao adotar a autocompaixão e promover um ambiente de apoio e empatia, podemos não apenas melhorar nossa própria experiência de vida, mas também impactar positivamente aqueles ao nosso redor e, em última análise, a sociedade como um todo.

Entender que somos todos humanos, imperfeitos e em constante evolução é fundamental para quebrar o ciclo da autocrítica. Ao fazer isso, abrimos espaço para um mundo mais compassivo, onde a vulnerabilidade é vista como uma força, e nossa verdadeira essência pode florescer. Assim, a jornada em direção à transformação começa dentro de cada um de nós, ressoando em ondas que afetam a vida dos outros e, finalmente, contribuindo para a construção de um futuro mais solidário e humano.

O PODER TRANSFORMADOR DOS DESAFIOS, IMPERFEIÇÕES E INCERTEZAS

Na intrincada tapeçaria da vida, desafios, imperfeições e incertezas desempenham papéis fundamentais que são frequentemente subestimados. A sociedade contemporânea, muitas vezes obcecada pela busca da perfeição e segurança, tende a marginalizar esses elementos, tratando-os como obstáculos a serem evitados. No entanto, em vez de meros inconvenientes, esses fatores são catalisadores de transformação e crescimento pessoal.

Como enfrentar e abraçar esses aspectos pode não apenas enriquecer nossas vidas, mas também nos tornar mais resilientes e autênticos.

Os desafios são inevitáveis e, em muitos casos, são a força motriz que nos empurra para fora de nossa zona de conforto. Esses obstáculos podem surgir de várias formas:

mudanças inesperadas na vida pessoal ou profissional, crises de saúde, desastres naturais ou conflitos interpessoais. Cada um desses desafios traz consigo uma oportunidade disfarçada. Quando enfrentamos uma dificuldade, somos forçados a reavaliar nossas crenças, prioridades e capacidades. Essa reavaliação muitas vezes leva a um despertar interior, onde descobrimos forças que nem sabíamos que tínhamos.

Um exemplo poderoso dessa dinâmica é a história de indivíduos que superaram grandes adversidades. Pessoas que enfrentaram doenças graves, perdas significativas ou crises financeiras costumam relatar que essas experiências, embora dolorosas, também foram momentos de profunda transformação. O ato de enfrentar um desafio pode revelar resiliência, empatia e uma nova perspectiva sobre o que realmente importa na vida. Em última análise, os desafios nos ensinam que mesmo nas dificuldades há espaço para crescimento e renovação.

Na busca incessante pela perfeição, muitas vezes esquecemos que as imperfeições são o que nos torna humanos e autênticos. A cultura contemporânea, alimentada pelas redes sociais e por padrões de beleza e sucesso muitas vezes inatingíveis, promove uma visão distorcida da vida ideal. No entanto, quando olhamos mais de perto, percebemos que as imperfeições são, de fato, as características que nos conectam uns aos outros.

Falhas e erros são parte integrante do aprendizado. Cometer erros não deve ser visto como um sinal de fraqueza, mas como uma oportunidade de crescimento. Cada imperfeição carrega consigo uma lição, pois nos obriga a refletir sobre nossas ações e reconsiderar nossas abordagens. Além disso, quando compartilhamos nossas imperfeições com os outros, criamos um espaço de vulnerabilidade que pode fortalecer os laços interpessoais. A autenticidade que surge ao aceitar nossos erros pode inspirar aqueles ao nosso redor a fazerem o mesmo, criando uma cultura de aceitação e compreensão.

A incerteza é um aspecto inerente à experiência humana. Vivemos em um mundo em constante mudança, onde o futuro é imprevisível. Essa incerteza pode gerar ansiedade e medo, mas também pode ser uma fonte de liberdade e oportunidade. Quando aceitamos a incerteza como parte da vida, abrimos espaço para a criatividade e a inovação.

A incerteza nos força a ser flexíveis e adaptáveis. Em vez de nos apegarmos a planos e previsões rígidas, podemos aprender a navegar nas águas turbulentas da vida com uma mente aberta. Isso não significa que devemos desistir de nossos objetivos ou sonhos, mas sim que devemos estar dispostos a alterar nosso curso quando necessário. Muitas das maiores inovações e conquistas da humanidade surgiram em momentos de incerteza, quando as pessoas foram forçadas a pensar fora da caixa e explorar novas possibilidades.

Além disso, a incerteza nos ensina a valorizar o presente. Quando estamos cientes de que o futuro é incerto, é mais provável que apreciemos os momentos que estamos vivendo agora. Essa consciência pode levar a uma vida mais plena, onde cada experiência é valorizada, independentemente de seu desfecho final.

Quando juntamos desafios, imperfeições e incertezas, podemos observar um ciclo de transformação que é intrinsecamente poderoso. Os desafios nos confrontam com nossas limitações, as imperfeições nos lembram de nossa humanidade e a incerteza nos impulsiona a viver no presente. Juntos, esses elementos nos convidam a abraçar uma nova narrativa sobre o que significa viver plenamente.

A transformação pessoal não acontece de forma linear; é um processo cheio de altos e baixos, momentos de clareza e confusão. À medida que enfrentamos desafios, aceitamos nossas imperfeições e navegamos pelas incertezas, começamos a perceber que cada experiência nos molda de forma única.

Essa jornada nos ensina que a verdadeira força reside na capacidade de se adaptar e evoluir, independentemente das circunstâncias. Ao abraçar esses aspectos da vida, nos tornamos não apenas mais resilientes, mas também mais compassivos, tanto conosco quanto com os outros.

Portanto, em vez de temer desafios, imperfeições e incertezas, devemos acolhê-los como aliados em nossa busca por uma vida significativa. Eles são os elementos que nos impulsionam a crescer, aprender e nos conectar mais profundamente conosco e com o mundo ao nosso redor. Assim, ao olharmos para o futuro, lembremos que mesmo em meio à adversidade, sempre há a possibilidade de transformação e renovação.

O SILÊNCIO INTERIOR COMO PORTAL

No mundo contemporâneo, onde as distrações são muitas e incessantes, encontrar um espaço de silêncio interior torna-se um desafio quase hercúleo. O ruído de nossas vidas, as obrigações diárias e as notificações incessantes de nossos dispositivos tecnológicos muitas vezes nos alienam de nossa verdadeira essência. No entanto, como sabiamente afirmou o filósofo e escritor francês Antoine de Saint-Exupéry: "O essencial é invisível aos olhos; só se vê bem com o coração." Esta citação nos lembra que a verdadeira compreensão e conexão com a Consciência Cósmica não podem ser percebidas através do ruído externo, mas sim através da quietude interior.

Cultivar o silêncio interior é, portanto, um ato de resistência e redescoberta. É o portal que nos permite acessar dimensões mais profundas da vida e nos conectar com a essência do universo. A meditação destaca-se como uma prática poderosa nesse processo, funcionando como uma ponte que nos liga ao vasto mar de energia e informação que nos cerca. Quando nos permitimos dedicar momentos do nosso dia para acalmar a mente, abrimos um espaço sagrado onde a Consciência Cósmica pode manifestar-se livremente.

Imagine-se em um lugar tranquilo, longe de distrações. Você senta-se confortavelmente, fecha os olhos e começa a se concentrar na sua respiração. Nesse momento, ressoa a sabedoria do poeta Rainer Maria Rilke: "A única jornada é a jornada interior." Cada respiração torna-se uma oportunidade de viajar dentro de si mesmo, de explorar os reinos desconhecidos da sua própria consciência. Ao inspirar, visualize que está trazendo a energia do universo para dentro de você. Sinta essa energia vibrante percorrendo seu corpo, expandindo sua consciência e iluminando seu ser. E ao expirar, libere tudo aquilo que não serve mais — medos, ansiedades e incertezas — como folhas levadas pelo vento.

Esse processo de silenciar a mente e ouvir a voz interior é essencial para a autodescoberta e para a conexão com a Consciência Cósmica. Silêncio não é apenas a ausência de som, mas um espaço fértil onde percepções e intuições podem florescer. É nesse estado de quietude que podemos ouvir a sabedoria que reside dentro de nós. O renomado pensador Eckhart Tolle disse: "A verdadeira libertação é a libertação do pensamento." À medida que silenciamos a mente, começamos a nos libertar das limitações que nos foram impostas e acessamos uma nova forma de ser — uma que está em harmonia com o todo.

À medida que mergulhamos mais fundo neste silêncio, encontramos um lugar de paz que transcende as circunstâncias externas. Este é o espaço onde a Consciência Cósmica se revela, onde nos tornamos conscientes de que fazemos parte de algo muito maior. A conexão com essa consciência nos ajuda a perceber que nossas vidas estão entrelaçadas com as vidas de todos os seres, e nos convida a agir com compaixão e empatia. Como disse o filósofo budista Thich Nhat Hanh: "Quando você olha profundamente, vê que não está sozinho. Você é a vida de todos os seres."

Assim, ao cultivar o silêncio interior, não apenas acessamos a Consciência Cósmica, mas também nos tornamos mais conscientes das interconexões que permeiam a existência. Esse reconhecimento nos inspira a viver de forma mais consciente, a tomar decisões que respeitem e honrem essa interdependência. Ao nos conectarmos com a energia universal, percebemos que somos cocriadores da realidade, capazes de influenciar o mundo ao nosso redor de maneiras significativas.

Portanto, ao sentar-se em silêncio, respire profundamente e permita-se mergulhar nesta experiência transformadora. Cada momento de quietude é uma oportunidade de expandir sua consciência e se conectar com a essência do cosmos. Como disse o filósofo grego Pitágoras: "O silêncio é um amigo que nunca trai." Que possamos, então, fazer deste amigo nosso aliado, permitindo que o silêncio interior nos guie para a compreensão profunda e a realização da Consciência Cósmica que habita em cada um de nós. Assim, ao abrir o portal do silêncio, tornamo-nos não apenas ouvintes de nossa própria alma, mas também mensageiros da harmonia e unidade que permeiam o universo.

A PRÁTICA DA GRATIDÃO

UM CAMINHO PARA A CONSCIÊNCIA CÓSMICA

Gratidão é muito mais do que um sentimento passageiro; é uma prática transformadora que nos conecta profundamente com a Consciência Cósmica. Em um mundo frequentemente dominado por preocupações e insatisfações, cultivar a gratidão nos oferece uma perspectiva revigorante, permitindo-nos apreciar a beleza e a abundância que nos cercam. Como disse o filósofo e ensaísta Ralph Waldo Emerson: "Gratidão é a memória do coração." Ao expressar gratidão, não apenas lembramos das bênçãos em nossas vidas, mas também abrimos nossos corações a uma frequência vibracional mais elevada, alinhando-nos com a energia do universo.

Começar um diário de gratidão é uma maneira poderosa de incorporar essa prática em nossas vidas diárias. Ao dedicar alguns minutos a cada dia para anotar três coisas pelas quais somos gratos, começamos a treinar nossas mentes a focar no positivo. Essa prática, de acordo com a psicóloga Amy C.

Edmondson, pode mudar a maneira como vemos o mundo: "A gratidão transforma o que temos em suficiente." Em vez de focar nas faltas ou dificuldades, a gratidão nos convida a reconhecer e apreciar o que já temos, criando um ciclo de abundância e contentamento.

A ciência também apoia os benefícios da gratidão. Estudos mostram que pessoas que praticam a gratidão regularmente experimentam níveis mais altos de felicidade e bem-estar. O psicólogo Robert Emmons, um dos principais pesquisadores sobre gratidão, afirma: "A gratidão é uma forma de sabedoria. Reconhecemos que a vida não é uma luta individual, mas um presente que nos foi dado por outros." Essa percepção não só nos conecta aos outros, mas também nos lembra de que fazemos parte de algo maior — uma teia de interconexões que nos une à Consciência Cósmica.

A prática da gratidão nos ajuda a realinhar nossa frequência vibracional, permitindo-nos conectar a uma consciência superior. Quando expressamos gratidão, criamos um espaço de abertura e receptividade, onde a abundância do universo pode fluir livremente em nossas vidas. O renomado escritor e pensador Deepak Chopra nos lembra que "a gratidão é a chave para a abundância." Ao adotar essa mentalidade de abundância, começamos a atrair mais experiências e oportunidades que ressoam com essa energia positiva.

É importante enfatizar que a gratidão não se refere apenas a grandes momentos ou conquistas significativas. É uma prática que se estende aos pequenos detalhes do dia-a-dia —

o aroma do café da manhã, o sorriso de um amigo, a beleza de um pôr do sol. Como a escritora Melody Beattie disse: "A gratidão não é apenas responder a uma bênção recebida, mas uma atitude que nos permite ver a bênção em tudo." Essa mudança de perspectiva é o que nos conecta diretamente à Consciência Cósmica, permitindo-nos reconhecer a sacralidade em cada experiência de vida.

Ao praticar a gratidão, também começamos a cultivar empatia e compaixão. Reconhecemos que todos enfrentam desafios e que nossa jornada é compartilhada. A autora e ativista Brené Brown destaca que "a gratidão é uma prática que nos ensina a viver com coragem, compaixão e conexão." Ao nos permitirmos sentir e expressar gratidão, não só mudamos nossa própria realidade, como também impactamos positivamente aqueles ao nosso redor, criando um efeito dominó de amor e apoio.

À medida que nos aprofundamos nessa prática, é essencial lembrar que a gratidão é um estado de ser, não apenas uma atividade pontual. Pode-se dizer que é um estilo de vida que nos convida a permanecer conscientes e atentos às bênçãos que nos cercam. O filósofo e teólogo Meister Eckhart enfatizou: "Se a única oração que você disser em toda a sua vida for 'obrigado', será o suficiente." Esta afirmação simples, mas poderosa, encapsula a essência da gratidão. Ao adotar essa atitude, transformamos não apenas nossas vidas, mas também a maneira como interagimos com o mundo.

Assim, ao iniciarmos a prática da gratidão, possamos nos

abrir à abundância do universo e à Consciência Cósmica dentro de nós. Que cada nota em nosso diário de gratidão se torne uma celebração da vida, uma confirmação de que fazemos parte de algo maior e mais belo. A gratidão não é apenas uma prática, mas um portal poderoso que nos conecta ao amor e à luz do cosmos, permitindo-nos florescer em nosso verdadeiro potencial.

Em última análise, ao nutrir a gratidão em nossos corações, permitimos florescer em nosso verdadeiro potencial. Ao nutrir nossos corações, tornamo-nos canais de luz e amor, irradiando essas qualidades para o mundo ao nosso redor. Ao praticar a gratidão diariamente, não apenas enrique-cemos nossas próprias vidas, mas também contribuímos para a criação de um ambiente mais harmonioso e solidário. Portanto, que possamos sempre lembrar das palavras de Oprah Winfrey: "A gratidão é um dos maiores poderes de cura que existe." Ao abraçar essa prática, não estamos apenas transformando nossas vidas, mas também ajudando a trans-formar o mundo, um ato de gratidão por vez.

Em última análise, práticas de alinhamento energético nos impulsionam a abraçar nosso papel como parte de um todo maior. Como o poeta **Rumi disse, "Você não é a gota no oceano, mas o oceano na gota."** Ao reconhecer essa verdade, somos inspirados a viver de forma mais autêntica, alinhando nossas ações com a energia universal e permitindo que a Consciência Cósmica flua através de nós, em constante transformação e expansão.

A NATUREZA COMO REFÚGIO

UM CAMINHO PARA A CONSCIÊNCIA CÓSMICA

A natureza, em toda a sua beleza e complexidade, é um dos maiores espelhos da Consciência Cósmica. Ao nos reconectar com o ambiente natural, somos suavemente lembrados de nossa interdependência com o todo; de que somos partes integrantes de um sistema vasto e intrincado que sustenta a vida. O filósofo e naturalista John Muir, conhecido por sua reverência à natureza, afirmou: "Quando alguém está em harmonia com a natureza, encontra sua verdadeira essência." Esta busca por harmonia é um convite para explorar o papel que a natureza desempenha em nossas vidas e como ela pode nos guiar em direção a uma compreensão mais profunda de nós mesmos e do universo.

Nos dias agitados e repletos de estímulos da vida moderna, frequentemente esquecemos de parar e nos reconectar com a terra. Tire um tempo para caminhar em um parque, sentir a brisa suave, ouvir o canto dos pássaros ou simplesmente contemplar as estrelas à noite. Esses momentos de contemplação são essenciais para nos lembrar de que somos parte de algo muito maior.

Como disse o poeta William Wordsworth: "A natureza nunca se apressa. Tudo chega a seu devido tempo, tudo o que espera." Ao adotarmos este ritmo mais lento e consciente, podemos abrir nossos corações e mentes para a sabedoria que a natureza nos oferece.

A natureza não é apenas um pano de fundo; é uma fonte de energia vital que nos conecta ao cosmos. Sinta a energia da terra sob seus pés, a textura da casca de uma árvore, o frescor de uma gota de orvalho. Cada um desses elementos carrega uma sabedoria intrínseca que nos convida a refletir sobre nosso lugar no universo. A escritora e ambientalista Rachel Carson afirmou: "A vida é uma dança entre o homem e a natureza." Esta dança nos ensina sobre a interconexão de todos os seres e a importância de respeitar e cuidar do nosso planeta.

Quando nos permitimos imergir nessa experiência sensorial, entramos em um estado de consciência expandida. A natureza tem a capacidade de nos elevar além de nossas preocupações diárias, permitindo-nos acessar uma perspectiva mais ampla e profunda sobre a vida. O cientista e filósofo Albert Einstein observou: "A mente que se abre a uma nova ideia nunca retorna ao seu tamanho original." Ao nos abrirmos à beleza e sabedoria da natureza, expandimos nossa consciência e nos tornamos mais receptivos às verdades universais que nos cercam.

Além disso, a conexão com a natureza pode ser profundamente curativa. Estudos mostram que passar tempo ao ar livre reduz o estresse, melhora a saúde mental e aumenta a sensação de bem-estar. O médico e autor Dr. David Suzuki, defensor da preservação ambiental, afirmou: "A natureza é nosso maior professor." Reconhecendo a importância dessa conexão, podemos encontrar refúgio em florestas, montanhas e rios, onde a vida pulsa em seu estado mais puro e natural.

Neste caminho de reconexão, é essencial lembrar que a natureza também nos ensina sobre ciclos e mudanças. O filósofo grego Heráclito disse: "A única constante é a mudança." Através da observação das estações, do crescimento das plantas e da migração dos animais, somos lembrados de que a vida é um fluxo contínuo de transformações. Esta aceitação da impermanência nos ajuda a encontrar paz em nossas próprias transições e desafios.

Finalmente, ao nos voltarmos para a natureza como refúgio, estamos fazendo uma escolha consciente de honrar nossa verdadeira essência e nosso lugar no cosmos. Em um mundo que frequentemente parece caótico e desconectado, a natureza nos oferece um espaço sagrado para reflexão, cura e reconexão. Como disse o poeta Rainer Maria Rilke: "A natureza não é um lugar para visitar. É o lar." Que possamos, então, encontrar nosso lar na natureza, permitindo que sua sabedoria nos guie em nossa jornada de autodescoberta e expansão da consciência. Ao fazer isso, não apenas nos reconectamos com nós mesmos, mas também contribuímos para a preservação e harmonia do todo.

Práticas de Alinhamento Energético: Conectando Corpo e Espírito com a Consciência Cósmica

Em um mundo acelerado e cheio de distrações, é vital encontrar maneiras de nos reconectar com a essência de quem somos. Práticas de alinhamento energético como yoga, mindfulness, tai chi, qigong, natação, longas caminhadas e escaladas oferecem não apenas um caminho para a saúde física, mas também uma oportunidade de integrar a energia cósmica em nosso ser. Essas práticas ancestrais e contemporâneas atuam como canais que nos permitem acessar a Consciência Cósmica, fazendo-nos sentir parte de um todo maior.

A yoga, por exemplo, é uma dessas práticas que se destaca por sua capacidade de unir corpo, mente e espírito. Originária da Índia há milhares de anos, a yoga é mais do que uma série de posturas físicas; é uma filosofia que busca harmonia interior. Como disse o sábio Patanjali, "Yoga é a cessação das flutuações da mente." Ao praticar yoga, aprendemos a silenciar a mente e a nos conectar com nossa essência mais profunda, permitindo que a energia cósmica flua através de nós. Asanas (posturas) e pranayama (técnicas de respiração) não só promovem a saúde física, mas também abrem os canais de energia, facilitando a integração da Consciência Cósmica em nosso ser.

Outra prática poderosa é o mindfulness (atenção e concentração plena), que nos convida a estar plenamente presentes no momento. Jon Kabat-Zinn, um dos pioneiros do mindfulness, define a prática como "prestar atenção de uma maneira particular, intencionalmente, no momento presente e sem julgamentos." Ao cultivar o mindfulness, aprendemos a observar nossos pensamentos e emoções sem nos identificarmos com eles, o que nos permite acessar uma experiência mais profunda da vida. Essa presença consciente nos ajuda a sintonizar com a energia do universo, despertando um senso de interconexão com tudo ao nosso redor.

O Chi e o Qigong são práticas tradicionais chinesas que também visam equilibrar a energia vital (chi) em nossos corpos. Qigong, que significa "trabalho de energia", combina movimento suave, respiração e meditação, promovendo saúde e bem-estar. O mestre de qigong Mantak Chia ensinou que "a energia flui para onde vai a atenção." Assim, direcionando nossa atenção para o chi, podemos não apenas fortalecer nossos corpos, mas também nos conectar à energia universal ao nosso redor. Essas práticas nos tornam canais para a energia cósmica, permitindo que essa força vital flua dentro de nós e ajude a alinhar corpo e espírito.

Atividades como natação, longas caminhadas e escaladas também desempenham um papel importante em nosso alinhamento energético. A natação, por exemplo, nos permite mover em um ambiente fluido, liberando tensões e conectando-nos com a água, um símbolo de purificação e renovação. O filósofo e escritor Hermann Hesse disse: "A água é o elemento da vida." Quando nadamos, podemos sentir essa energia vital nos envolvendo, promovendo um estado de harmonia e paz interior.

Longas caminhadas, especialmente em ambientes naturais, oferecem uma oportunidade única de nos reconectar com a Terra e a energia cósmica. O naturalista John Muir afirmou: "Na minha experiência, não há melhor maneira de conhecer a natureza do que caminhando." Essas caminhadas não só fortalecem nossos corpos, mas também nos permitem respirar ar puro, absorver a luz do sol e sentir a energia do chão sob nossos pés. A conexão com a natureza durante essas caminhadas nos lembra de que fazemos parte de um ecossistema mais amplo e que essa interdependência é fundamental para o nosso bem-estar.

A escalada, por outro lado, nos desafia a superar nossos limites físicos e mentais. Ao escalar, experimentamos uma conexão profunda com as rochas, o ar e o céu, evocando uma sensação de liberdade e realização. O escalador Reinhold Messner, famoso por suas escaladas em alta altitude, disse: "A montanha não é um obstáculo, mas um meio." Cada desafio que enfrentamos na escalada nos ensina a confiar em nós mesmos e em nossa capacidade de superar adversidades, uma lição valiosa que se estende para outras áreas de nossas vidas.

À medida que nos comprometemos com essas práticas de alinhamento energético, começamos a perceber que somos mais do que apenas seres físicos; somos manifestações da energia cósmica fluindo através de nós. Essa percepção nos convida a um estado de consciência expandida, onde a separação entre o eu e o universo desaparece. Como disse o filósofo Alan Watts: "Ninguém pode acordar uma pessoa que finge estar dormindo." Ao nos dedicarmos a práticas que promovem o alinhamento energético, despertamos para a verdade de nossa interconexão com tudo o que existe.

Essas experiências nos transformam em canais de energia, permitindo que a Consciência Cósmica se manifeste em nossas vidas. Quando alinhamos nossos corpos e espíritos, não só melhoramos nossa saúde física e mental, mas também nos tornamos co-criadores da realidade em que vivemos. Através dessa conexão, podemos acessar uma fonte ilimitada de criatividade, amor e sabedoria, contribuindo para um mundo mais harmonioso e consciente.

Em última análise, as práticas de alinhamento energético nos impulsionam a abraçar nosso papel como parte de um todo maior. Como disse o poeta Rumi: "Você não é a gota no oceano, mas o oceano na gota." Ao reconhecer essa verdade, somos inspirados a viver de maneira mais autêntica, alinhando nossas ações com a energia universal e permitindo que a Consciência Cósmica flua por nós, em constante transformação e expansão.

ALIMENTAÇÃO CONSCIENTE

UM CAMINHO PARA A SAÚDE INTEGRAL

A comida é uma das bases fundamentais da nossa existência. Desde a primeira infância, aprendemos que somos o que comemos. No entanto, em um mundo dominado pela conveniência e pressa, muitas vezes nos encontramos consumindo alimentos de forma inconsciente, escolhendo opções que, apesar de rápidas e acessíveis, podem ter consequências devastadoras para nossa saúde física, mental e emocional.

Um dos aspectos mais relevantes da alimentação saudável é a prática da alimentação intermitente e consciente. Essa abordagem não só valoriza a qualidade dos alimentos que ingerimos, mas também promove uma relação mais positiva e consciente com a alimentação. O renomado poeta e teólogo Rumi disse: "Você não é uma gota no oceano. Você é o oceano em uma gota." Esta citação nos lembra da interconexão entre nós e o mundo ao nosso redor, incluindo o que escolhemos colocar em nosso corpo.

Comer consciente e saudável é uma escolha que resulta em benefícios fisiológicos significativos. Estudos mostram que uma dieta rica em frutas, vegetais, grãos integrais e proteínas magras pode reduzir o risco de doenças crônicas como diabetes, hipertensão e doenças cardíacas. Por outro lado, uma dieta baseada em fast food, frequentemente rica em açúcares refinados, gorduras trans e sódio, está associada a uma série de problemas de saúde, incluindo obesidade e distúrbios metabólicos.

Em um nível fisiológico, o jejum intermitente também ganhou destaque por seus potenciais benefícios. A prática de restringir a ingestão de alimentos a períodos específicos pode promover a perda de peso, melhorar a sensibilidade à insulina e até aumentar a longevidade. Como afirma o médico e autor, Dr. Jason Fung, "O jejum não é uma dieta, mas uma abordagem que permite ao corpo se recuperar e regenerar."

Além dos benefícios físicos, a alimentação consciente e saudável também desempenha um papel crucial na nossa saúde emocional e psicológica. A ligação entre o que comemos e como nos sentimos é inegável. Alimentos ricos em nutrientes têm a capacidade de influenciar positivamente nosso humor, enquanto dietas pobres podem contribuir para ansiedade e depressão. A famosa nutricionista e autora Ellyn Satter disse, "A comida é uma forma de mostrar amor, e devemos tratá-la como tal." Esse amor se reflete em como escolhemos nos nutrir e o impacto que isso tem em nosso bem-estar mental.

Por outro lado, comer inconscientemente, muitas vezes associado ao consumo de fast food, pode levar a um ciclo de culpa e insatisfação. Comer rapidamente e sem atenção não só nos desconecta das pistas naturais de fome e saciedade, mas também pode resultar em aumento do estresse e ansiedade. A psicóloga e autora, Dr. Kelly McGonigal, afirma que "o estresse é a resposta do corpo à desconexão." Quando comemos inconscientemente, essa desconexão é amplificada, não apenas em relação aos alimentos, mas também conosco e nossos corpos.

A escolha de uma dieta saudável e consciente também tem implicações sociais significativas. Ao escolher alimentos frescos e sustentáveis, apoiamos práticas agrícolas responsáveis e promovemos comunidades mais saudáveis. A famosa ativista e autora Vandana Shiva diz, "A comida é a base da cultura, e a cultura nos define." Ao valorizar os alimentos que consumimos, fomentamos um senso de comunidade e pertencimento, que é essencial para a coesão social.

Além disso, a prática de comer de forma consciente pode inspirar mudanças nos nossos círculos sociais. Ao compartilhar refeições saudáveis com amigos e familiares, promovemos um ambiente de apoio e incentivo, onde todos são encorajados a fazer escolhas mais saudáveis. Como disse o chef e ativista Jamie Oliver, "A comida é uma linguagem que fala a todos. Através dela, podemos unir as pessoas."

Em resumo, comer de forma saudável, intermitente e consciente é uma prática que vai além do simples ato de comer. Convida-nos a refletir sobre nossas escolhas, a nos conectar com nossos corpos e a compreender o impacto que nossa dieta tem sobre nossa saúde, emoções e a sociedade como um todo. Ao adotar essa abordagem, não apenas nutrimos nossos corpos, mas também cultivamos um estilo de vida que promove bem-estar integral, empatia e responsabilidade social.

Como disse o filósofo e escritor francês Jean-Paul Sartre, "Estamos condenados a ser livres." Essa liberdade nos permite escolher não apenas o que colocamos em nossos pratos, mas também como vivemos nossas vidas. Ao optar por uma alimentação saudável e consciente, fazemos uma declaração sobre quem somos e o que valorizamos. Cada refeição se torna uma oportunidade de nutrir nosso corpo e mente, de honrar nossa saúde e de contribuir para um mundo mais sustentável e solidário.

Portanto, ao refletirmos sobre nossas escolhas alimentares, que possamos abraçar essa liberdade com responsabilidade, cultivando uma relação harmoniosa com a comida, nosso corpo e a sociedade. Comer torna-se um ritual de autocuidado, onde cada mordida é um passo em direção a uma vida mais plena e significativa. Ao nutrir o corpo conscientemente, também alimentamos a alma, criando um ciclo virtuoso que beneficia não apenas a nós mesmos, mas a todos ao nosso redor. Que possamos, assim, ser agentes de mudança em nossas vidas e na vida dos outros, promovendo uma cultura de saúde, bem-estar e conexão.

A jornada da alimentação consciente não se trata apenas do que escolhemos comer, mas de como essas escolhas moldam nossa existência e impactam o mundo que habitamos. É, portanto, um convite à transformação, onde cada um de nós tem o poder de fazer a diferença, começando pelo prato.

A ARTE DA INTENÇÃO

MODELANDO A REALIDADE COM CONSCIÊNCIA CÓSMICA

A intenção é uma das forças mais poderosas que possuímos. Desde tempos imemoriais, filósofos, espiritualistas e cientistas têm reconhecido o potencial transformador da intenção em nossas vidas. Como disse o renomado autor e professor de espiritualidade Deepak Chopra: "A intenção é um campo de energia que influencia a matéria." Esta afirmação nos convida a refletir sobre a profundidade desse poder. Quando estabelecemos intenções claras e específicas, começamos a moldar nossa realidade e a nos alinhar com a Consciência Cósmica, abrindo as portas para um mundo de possibilidades infinitas.

A prática de escrever nossas intenções é um passo fundamental nesse processo. Quando colocamos nossos desejos e objetivos no papel, estamos dando forma e substância a eles. Essa ação não é meramente simbólica; é uma forma de ancorar nossas aspirações na realidade física. O escritor e pensador Paulo Coelho, em seu famoso livro O Alquimista, nos lembra que "quando você quer algo, todo o universo conspira para que você o realize." Esta citação ressoa profundamente com o conceito de que, ao expressarmos nossas intenções, criamos uma vibração que ecoa por todo o universo, atraindo as circunstâncias e oportunidades necessárias para sua realização.

A visualização é outra ferramenta poderosa na arte da intenção. Ao visualizarmos nossas intenções como se já tivessem sido realizadas, não apenas estamos ativando o poder da manifestação, mas também nos conectando à vibração do universo. A renomada psicóloga e autora Shakti Gawain, em seu livro Visualização Criativa, enfatiza que "a visualização é uma maneira de criar uma imagem mental clara do que você deseja." Quando nos permitimos sentir as emoções associadas à realização de nossos desejos, de fato estamos vibrando na frequência necessária para que essas intenções se materializem. A ciência quântica também apoia essa ideia; a física quântica sugere que nossas observações do mundo influenciam sua realidade. Portanto, ao focarmos nossa atenção e energia nas intenções, tornamo-nos co-criadores de nossas vidas.

É importante lembrar que a intenção não é apenas uma ferramenta de manifestação; ela também se torna um guia moral e ético em nossas vidas. Quando estabelecemos intenções que se alinham com nossos valores mais profundos, tornamo-nos mais conscientes do impacto de nossas ações no mundo ao nosso redor. A ativista e escritora Marianne Williamson disse: "Nosso medo mais profundo não é que somos inadequados. Nosso medo mais profundo é que somos poderosos além da medida." Esta citação nos lembra que, ao alinharmos nossas intenções autênticas e verdadeiras, não apenas moldamos nossas vidas, mas também contribuímos para um mundo mais esclarecido e consciente.

A prática regular de definir intenções, combinada com a visualização, pode se tornar um ritual poderoso. Ao dedicarmos um momento diário para refletir sobre nossas intenções, cultivamos um espaço de clareza e propósito em nossas vidas. Isso nos permite ajustar nossos caminhos e escolhas, garantindo que permaneçamos alinhados com o que realmente desejamos. O filósofo Henry David Thoreau disse, "A única maneira de viver é encontrar o que é verdade para você e vivê-lo." Assim, ao nos comprometermos com nossas intenções, estamos vivendo de acordo com nossa verdade mais profunda.

Além disso, a prática da intenção pode ser expandida através da meditação e da atenção plena. Ao silenciar a mente e sintonizar-se com o presente, criamos uma conexão mais profunda com nossa essência e com a Consciência Cósmica. A meditação nos permite ouvir a voz interior que nos guia, ajudando-nos a refinar nossas intenções de acordo com o que realmente ressoa dentro do nosso ser. O escritor e místico Rumi nos lembra que "sua tarefa não é procurar pelo amor, mas simplesmente buscar e encontrar todas as barreiras dentro de você que você construiu contra ele." Essa busca interna é o que nos permite alinhar nossas intenções com nossa verdadeira essência. Através da meditação e reflexão, podemos desmontar as barreiras que nos separam dos nossos desejos mais autênticos. Ao fazer isso, encontramos não apenas clareza, mas também um profundo senso de propósito. Quando realmente nos conectamos com nossa essência, nossas intenções tornam-se um reflexo genuíno de quem somos e do que desejamos contribuir para o mundo.

Assim, ao cultivar a arte da intenção, não apenas moldamos nossas realidades individuais, mas também criamos uma rede de energia e consciência que se estende além de nós. Cada intenção positiva que emitimos ressoa no universo, contribuindo para um ambiente mais amoroso e harmonioso. Como disse o grande pensador Mahatma Gandhi, "A mudança que desejamos ver no mundo começa conosco." Portanto, ao nos esforçar para viver nossas intenções com autenticidade e paixão, nos tornamos faróis de luz, inspirando outros a fazer o mesmo.

Em resumo, a arte da intenção é uma prática poderosa que nos convida a ser co-criadores de nossas vidas, alinhando-nos com a Consciência Cósmica e manifestando nossos desejos mais profundos. Ao escrever, visualizar e meditar sobre nossas intenções, cultivamos um espaço de transformação pessoal e coletiva, onde cada um de nós tem o potencial de contribuir para um mundo mais consciente e vibrante. E assim, a jornada da intenção torna-se não apenas uma busca pessoal, mas uma missão compartilhada de amor e evolução.

ENCONTRE SEU PROPÓSITO

O SIGNIFICADO DA NOSSA JORNADA

A vida é uma jornada breve, mas extraordinária. Em meio às complexidades e desafios que enfrentamos, um dos aspectos mais fundamentais que podemos descobrir é nosso propósito. "A vida é realmente simples, mas insistimos em complicá-la", disse Confúcio. E essa simplicidade pode ser encontrada na clareza do propósito. Quando temos um significado definido para nossa existência, podemos navegar pelas turbulências da vida com mais facilidade e confiança.

Encontrar um propósito é como receber um mapa que nos guia em direção aos nossos objetivos. Ele nos dá direção, permitindo que nossas decisões se alinhem com nossos valores e aspirações. Sem ele, podemos nos perder em distrações que nos afastam de nossa verdadeira essência. Como disse Viktor Frankl, psiquiatra e sobrevivente do Holocausto, "A vida nunca se torna insuportável pelas circunstâncias, mas apenas pela falta de sentido e propósito." Essas palavras ecoam a importância de saber para onde queremos ir.

A vida, com suas inevitáveis dificuldades, requer resiliência. Ter um propósito claro nos motiva a enfrentar desafios com coragem. Quando sabemos por que fazemos o que fazemos, encontramos uma força interior que nos impulsiona a seguir em frente. Frankl também afirmou: "Quando não podemos mais mudar uma situação, somos desafiados a mudar a nós mesmos." Essa capacidade de adaptação é muitas vezes alimentada pela compreensão do nosso propósito.

Encontrar um propósito não é uma jornada solitária. Isso nos conecta a outras pessoas que compartilham interesses e valores semelhantes. O sentido de comunidade que surge dessa conexão é fundamental para nosso bem-estar emocional. Como disse Helen Keller, "Sozinhos podemos fazer tão pouco; juntos podemos fazer tanto." Nossos propósitos nos unem em torno de causas significativas, criando laços significativos e duradouros.

Quando nos engajamos em atividades que consideramos significativas, experimentamos um profundo senso de satisfação. O prazer que vem de viver de acordo com nosso propósito não apenas melhora nossa qualidade de vida, mas também nos ajuda a sentir que estamos fazendo a diferença no mundo. A escritora Maya Angelou disse: "Você não pode controlar todos os eventos que acontecem ao seu redor, mas pode controlar sua atitude em relação a eles." Essa atitude positiva é muitas vezes alimentada pelo reconhecimento de que estamos vivendo de forma significativa.

A busca por um propósito também é uma jornada de auto-descoberta. Refletir sobre o que realmente valorizamos, sobre o que somos apaixonados e o que nos motiva ajuda-nos a compreender melhor a nós mesmos. "Conheça a si mesmo", um dos ensinamentos mais antigos da filosofia, continua sendo um guia essencial em nossa busca por sentido. O autoconhecimento é uma ferramenta poderosa que nos permite viver de forma autêntica.

Vivemos em um planeta extraordinariamente abundante. A beleza natural, as diversas culturas e as experiências únicas que nos cercam são um testemunho da riqueza da vida. Encontrar um propósito nos permite valorizar essa diversi-dade, nos incentivando a explorar, aprender e crescer. Como Albert Einstein disse: "A vida é como andar de bicicleta. Para manter o equilíbrio, é preciso continuar se movendo." Esse movimento é essencial para apreciar e aproveitar tudo o que o mundo tem a oferecer.

Um propósito muitas vezes nos inspira a contribuir para o bem-estar da sociedade e do meio ambiente. Nossas ações podem ter um impacto positivo, tornando o mundo um lugar melhor para as gerações futuras. "A melhor maneira de se encontrar é se perder no serviço aos outros," disse Mahatma Gandhi. Esse altruísmo, quando guiado por um propósito, cria um ciclo virtuoso de crescimento e trans-formação.

Estar ciente do nosso propósito nos ajuda a viver plenamente no presente. Em vez de nos preocuparmos excessivamente com o futuro ou lamentarmos o passado, podemos nos concentrar em ações significativas que trazem alegria e satisfação agora. "O passado não está mais sob nosso controle, e o futuro está em nossas mãos," disse o filósofo Søren Kierkegaard. Essa perspectiva nos permite apreciar cada momento como uma oportunidade de crescimento e aprendizado.

A busca por um propósito envolve aprendizado e crescimento pessoal. À medida que nos dedicamos a entender melhor nossas paixões e habilidades, nos tornamos mais adaptáveis e resilientes. Cada passo que damos em direção ao nosso propósito é uma oportunidade de expandir nossos horizontes, adquirir novas habilidades e desafiar nossas crenças limitantes. Como Ralph Waldo Emerson disse: "A única pessoa que você está destinado a se tornar é a pessoa que você decide ser." Portanto, ao abraçar essa jornada de autodescoberta e desenvolvimento, não apenas encontramos nosso propósito, mas também nos transformamos na melhor versão de nós mesmos.

O CHAMADO PARA A CORAGEM E AÇÃO

A JORNADA EM DIREÇÃO À CONSCIÊNCIA CÓSMICA

A Consciência Cósmica está sempre presente, esperando que tomemos a iniciativa de nos conectar com ela. Esse chamado nos incita a despertar para a grandeza do nosso ser e a explorar as profundezas da nossa existência. O filósofo Alan Watts nos lembra de que a verdadeira jornada de descoberta não é sobre buscar novas paisagens, mas ter novos olhos. Essa mudança de perspectiva é essencial para que percebamos as infinitas possibilidades ao nosso redor, permitindo-nos estabelecer uma conexão mais profunda com o universo.

Para nos alinharmos energeticamente e definir intenções claras, é necessário moldar nossa realidade. Ao harmonizar nossas energias com o ambiente ao nosso redor, podemos discernir o que realmente ressoa com nossa essência. Gary Zukav afirma que a intenção é o poder criativo do universo e, ao defini-las claramente, começamos a abrir portas para a manifestação dos nossos desejos. Essa prática transcende o indivíduo, tornando-se parte do tecido da consciência coletiva.

É importante reconhecer que o primeiro passo para o desconhecido pode ser aterrorizante, mas é nesse espaço de desconforto que o verdadeiro crescimento ocorre. A coragem para se aventurar além dos limites do familiar nos leva a descobertas extraordinárias. Paulo Coelho expressa essa ideia ao dizer que a única maneira de alcançar o impossível é acreditar que é possível. Ao permitir que o universo nos guie, abrimos as portas para um fluxo de experiências que nos ilumina e transforma.

A coragem é um componente essencial da experiência humana. É a força que nos motiva a sair da nossa zona de conforto, enfrentar desafios e buscar autenticidade em nossas vidas. Sem coragem, muitos dos significativos avanços da história, desde progressos pessoais até transformações sociais, nunca teriam ocorrido. Aristóteles destacou que a coragem é a primeira das qualidades humanas porque garante todas as outras.

A coragem não é a ausência de medo, mas a capacidade de agir apesar dele. É essa ação que nos leva a descobrir nosso verdadeiro potencial. Nelson Mandela, um ícone da luta pela igualdade, disse que a coragem não é a ausência de medo, mas o triunfo sobre ele. Essa perspectiva nos lembra de que todos enfrentamos inseguranças, mas é ao superar esses obstáculos que encontramos a verdadeira força.

Um exemplo notável é a vida de Malala Yousafzai, uma jovem paquistanesa que se tornou um símbolo global da luta pelo direito das meninas à educação. Após sobreviver a um ataque brutal, Malala teve a coragem de se levantar e continuar sua luta, inspirando milhões com sua famosa frase: "Um livro, uma caneta, uma criança e um professor podem mudar o mundo." Sua coragem de agir teve um impacto duradouro.

Quando a coragem está aliada à ação, ela se torna uma força transformadora. Martin Luther King Jr. nos lembra da urgência de questionar: "O que você está fazendo pelos outros?" Esta reflexão sobre o papel de cada pessoa na sociedade destaca que a coragem de agir pelo bem-estar coletivo não apenas transforma a vida dos outros, como também enriquece nossas próprias vidas.

Rosa Parks, ao recusar ceder seu assento em um ônibus, desencadeou um movimento que mudaria o rosto dos direitos civis nos Estados Unidos. Sua determinação e coragem foram fundamentais na luta pela igualdade. Como ela disse: "Eu não estou cansada. Estou cansada de ser tratada como se fosse nada."

A coragem de agir é um caminho para a autodescoberta e o crescimento pessoal. Ao tomar decisões ousadas, começamos a perceber a força que reside dentro de nós. Maya Angelou nos lembra que, embora não possamos controlar todos os eventos, podemos controlar nossa atitude em relação a eles. Esta escolha de como reagir é um poderoso ato de coragem.

Exemplos contemporâneos de pessoas que superaram adversidades significativas, como doenças graves ou crises financeiras, também ilustram como a coragem de agir pode transformar vidas. Essas histórias de resiliência mostram que cada passo, mesmo que pequeno, é uma afirmação de coragem, criando um efeito dominó que inspira outros a lutar por suas próprias vidas e sonhos.

Coragem e ação são essenciais para alcançarmos nosso máximo potencial. Cada um de nós tem a capacidade de enfrentar medos e agir em busca de objetivos. Ao fazer isso, não apenas mudamos nossas próprias vidas, mas também influenciamos o mundo ao nosso redor. Ralph Waldo Emerson nos lembra que a única pessoa que estamos destinados a nos tornar é a pessoa que decidimos ser. Portanto, a coragem de agir é o primeiro passo na formação de nossa realidade e na contribuição para um mundo mais consciente e harmonioso. Ao nos permitirmos sonhar grande e agir decisivamente, atraímos para nossas vidas experiências e oportunidades que antes poderiam parecer inalcançáveis. É neste espaço de coragem e ação que a Consciência Cósmica se torna mais acessível, revelando-se em cada escolha que fazemos.

Ao longo de nossa jornada, seremos desafiados a enfrentar nossos medos e limitações. No entanto, é nesta luta interna que encontramos a força para redefinir e crescer. Como disse o filósofo Friedrich Nietzsche: "Aquele que tem um porquê para viver pode suportar quase qualquer coisa." Ao encontrar propósito em nossas ações, não apenas nos transformamos, mas também inspiramos aqueles ao nosso redor a fazer o mesmo.

Em última análise, a verdadeira essência da coragem reside na capacidade de agir com propósito e integridade. Cada passo que damos em direção à nossa verdade pessoal é um passo em direção à expansão da Consciência Cósmica. Ao nos unir a essa energia universal, promovemos não apenas nosso próprio crescimento, mas também o de toda a humanidade.

Que possamos, portanto, responder a este chamado à ação com determinação e ousadia, guiados pela luz da consciência e pela força da coragem. Juntos, podemos criar um mundo onde a autenticidade e a compaixão reinam, e onde cada um de nós é livre para ser exatamente quem nasceu para ser.

A CRIATIVA CONSCIÊNCIA CÓSMICA

"Somos todos viajantes em uma jornada cósmica – Poeira estelar, girando e dançando nos redemoinhos e redemoinhos do infinito."

— DEEPAK CHOPRA

Nas profundezas do universo, além das estrelas e galáxias que cintilam como diamantes em um vasto manto negro, reside a Criativa Consciência Cósmica. Esta entidade — ou talvez melhor, esta essência — é a fonte primordial de tudo o que existe: a faísca que acende a vida, a inspiração que molda a matéria e a energia que permeia a alma de cada ser. É um conceito que transcende as limitações da linguagem e da razão, um mistério que se desdobra em camadas de beleza e complexidade, como as pétalas de uma rosa que se abrem lentamente ao sol da manhã.

Neste planeta que chamo de "Planeta da Magia e Milagres", a Consciência Cósmica se manifesta de maneiras surpreendentes e encantadoras. Aqui, a abundância não é apenas uma realidade material, mas um estado de espírito. A terra, rica e generosa, oferece frutos e flores que dançam ao ritmo da brisa, como se cada planta estivesse em comunhão com a música do cosmos. Os rios, em sua dança incessante, refletem o céu e as estrelas, como se o próprio universo estivesse se olhando no espelho da existência.

Mas como é possível que uma consciência tão vasta e intangível tenha moldado nosso mundo de maneira tão extraordinária? A resposta está na interconectividade entre todos os seres e na capacidade de cada um deles de acessar essa fonte de criatividade. Quando um artista pinta, ele não está apenas aplicando tinta na tela; ele sintoniza a frequência da Consciência Cósmica, permitindo que a beleza do universo se manifeste através de suas mãos. Quando um cientista faz uma descoberta, ele não está apenas analisando dados; ele está desvendando os segredos que a própria consciência do cosmos deixou como pistas, como se cada fórmula fosse um verso em um poema cósmico.

No entanto, viver em um mundo tão mágico também implica desafios. A abundância e a beleza às vezes podem ser ofuscadas pela dúvida, pelo medo e pela escassez mental. A Consciência Cósmica, sendo também um criador, é um espelho que reflete nossas emoções e pensamentos. Se permitirmos que a negatividade e a falta de fé se estabeleçam em nossos corações, podemos obscurecer a luz que nos cerca. Assim, o verdadeiro milagre não é apenas a criação externa, mas a transformação interna que cada um de nós deve empreender para se alinhar com o fluxo da abundância cósmica.

Imagine um momento em que, ao acordar pela manhã, conectamos-nos com essa consciência. Respiramos profundamente, permitindo que a energia vital flua através de nós, reconhecendo que somos parte de um todo maior. Nesse estado de consciência expandida, cada ação pode se tornar um ritual sagrado. Cada relacionamento, uma dança cósmica. Cada desafio, uma oportunidade de crescer e aprender. A magia não é apenas algo observado, mas algo vivido e expresso em cada pensamento, palavra e ação.

Para que essa conexão se torne uma realidade tangível, precisamos cultivar práticas que nos ajudem a sintonizar nessa frequência. Meditação, contemplação da natureza, arte e música são portais que nos levam a essa dimensão. Quando nos permitimos ser criadores em nossas próprias vidas, acessamos a abundância que a Consciência Cósmica nos oferece. Cada um de nós é um gênio em potencial, capaz de manifestar milagres em nossas vidas diárias.

Finalmente, a Consciência Criativa Cósmica não é uma ideia distante, mas uma presença viva que habita em cada um de nós. Ao reconhecer nossa própria divindade e nosso papel como co-criadores, podemos transformar nosso planeta em um verdadeiro lar de magia e milagres. Este é o chamado:

despertar para a beleza que nos cerca, cultivar gratidão e criatividade, e deixar que a Consciência Cósmica nos guie em nossa jornada. Assim, juntos, podemos revelar o potencial ilimitado que reside em nosso planeta e em nossos corações.

A DANÇA DO COSMOS: CAUSA E EFEITO

O universo, em sua vastidão infinita, opera sob a principal lei que governa todas as suas interações: a lei de causa e efeito. Cada ação desencadeia uma reação; cada pensamento gera uma vibração; cada emoção emana uma energia que se propaga através do tecido do cosmos. Neste imenso palco cósmico, a vida humana, com sua brevidade e efemeridade, pode parecer insignificante. No entanto, é precisamente essa transitoriedade que torna nossos momentos tão valiosos e dignos de reflexão.

Imagine a imensidão do tempo que precedeu a existência da humanidade. Estrelas nasceram e morreram, galáxias colidiram e se separaram, e neste vasto balé cósmico, nossa passagem pela Terra é como um sussurro no vento. No entanto, é nesse breve fôlego que reside a oportunidade de fazer a diferença. Todos os dias, temos a escolha de como gastar nosso tempo — o recurso mais precioso que possuímos. E essa escolha deve ser guiada pela paixão, pelo que realmente amamos.

Quando nos dedicamos ao que amamos, nossa essência se reflete em nossas ações. A energia que colocamos em nossas criações, seja um produto, um serviço ou uma interação, ressoa no universo. Essa energia, pura e vibrante, não se perde; em vez disso, transforma-se, expande-se e conecta-se com outras energias semelhantes. Quando infundimos amor e intenção em nosso trabalho, essa energia se transmite diretamente para o espaço que nos rodeia. E assim, o que criamos torna-se mais do que uma simples transação; torna-se uma extensão de nós mesmos.

O amor que colocamos em nossas atividades não só eleva a qualidade do que fazemos, mas também atrai aqueles que buscam aquela mesma vibração. Produtos e serviços imbuídos de energia positiva ressoam uns com os outros, tornando-se faróis que iluminam o caminho para aqueles em busca de algo mais. O sucesso não é apenas uma questão de lucro; é uma consequência natural de se alinhar com o que amamos e compartilhar essa paixão com o mundo. Quando as pessoas sentem a autenticidade e a intenção por trás do que oferecemos, elas se conectam. Isso cria uma rede de bem-estar que se estende além dos limites do comércio e toca as vidas de todos os envolvidos.

Enquanto isso, vivemos em um mundo que muitas vezes nos educa a operar como robôs, a seguir padrões estabelecidos e a sacrificar nosso tempo e energia em troca de um salário que mal cobre nossas necessidades básicas. Essa realidade, que afeta nosso bem-estar psicológico, emocional e social, é um reflexo de um sistema que prioriza a produtividade em detrimento da paixão. A maioria de nós foi condicionada a acreditar que o trabalho deve ser uma obrigação, uma tarefa onerosa a ser suportada, e não uma expressão de nossa verdadeira essência.

Mas a verdade é que hoje, temos o poder da informação em nossas mãos. Vivemos em uma era de conhecimento acessível, onde o despertar da consciência é uma possibilidade real. Podemos, e devemos, questionar essa narrativa. O que nos impede de viver uma vida de autenticidade e propósito? O que nos impede de nos libertarmos das amarras de um emprego que não nos nutre? É hora de reescrever essa história.

A abundância deste planeta não é apenas uma realidade material; é uma verdade espiritual. Para alcançarmos o equilíbrio e a igualdade que todos desejamos, é essencial que cada um de nós reconheça nosso valor e a importância de viver em harmonia com o que realmente amamos. Quando começamos a ver o trabalho como uma extensão de nós mesmos, como uma oportunidade de compartilhar nossas paixões, podemos criar um ciclo virtuoso de causa e efeito, onde todos se beneficiam.

Imagine um mundo onde as pessoas acordam todas as manhãs empolgadas para fazer o que amam, onde criatividade e colaboração fluem livremente. Visualize comunidades onde o sucesso é medido não apenas em termos financeiros, mas também em termos de felicidade, saúde e realização. Esse mundo é possível, mas requer que cada um de nós assuma a responsabilidade por nossas escolhas e pela energia que emitimos.

Ao abraçar a lei de causa e efeito em nossas vidas, podemos transformar não apenas nosso próprio destino, mas também o de todos ao nosso redor. A mudança começa conosco, e cada pequeno passo em direção ao que amamos reverbera pelo cosmos, criando ondas que podem inspirar outros a fazer o mesmo. Assim, ao decidir viver com intenção e amor, estaremos contribuindo para um futuro mais equilibrado e abundante—um verdadeiro paraíso onde todos podem prosperar. Essa escolha, embora possa parecer pequena no grande esquema do cosmos, é, na realidade, uma semente que pode germinar em transformações significativas. Cada ato de bondade, cada momento de dedicação ao que amamos, cria um eco que ressoa através do tempo e do espaço, influenciando não apenas nossas vidas, mas também a vida daqueles ao nosso redor.

À medida que nos aprofundamos nessa jornada de autodescoberta e autenticidade, começamos a perceber que fazemos parte de uma teia interconectada de experiências humanas. Cada interação que temos, cada sorriso que compartilhamos e cada ato de amor que oferecemos contribui para a energia coletiva do nosso mundo. Esta energia não é estática; ela flui, transforma-se e multiplica-se, criando um efeito dominó que pode alterar realidades e inspirar mudanças em escalas que muitas vezes não podemos imaginar.

E, à medida que mais indivíduos despertam para essa verdade, emerge a possibilidade de uma nova consciência coletiva. Imagine comunidades inteiras se reunindo não apenas para trabalhar, mas para celebrar a vida, explorar suas paixões e apoiar-se mutuamente em suas jornadas. Em vez de competidores, tornamo-nos colaboradores, unindo forças para criar algo maior do que nós mesmos. A energia que colocamos em nossos esforços, alimentada pelo amor e pela paixão, torna-se um combustível poderoso para inovação, criatividade e prosperidade.

No entanto, para que essa transformação ocorra, é essencial que reconheçamos e enfrentemos os desafios que surgem em nosso caminho. Precisamos desconstruir as crenças limitantes impostas a nós, questionar os paradigmas que nos mantêm presos em um ciclo de insatisfação e, acima de tudo, cultivar a coragem para seguir nossos corações. Isso pode exigir um esforço consciente, mas a recompensa é incalculável. Quando nos permitimos sonhar e agir de acordo com esses sonhos, começamos a redefinir o que significa viver plenamente.

O caminho para essa nova realidade não é isento de obstáculos. O medo do desconhecido, padrões de comportamento arraigados e pressões sociais podem criar resistência à mudança. No entanto, assim como as estrelas que brilham em meio à escuridão, a luz de nossa paixão pode nos guiar através das incertezas. Ao nos cercarmos de pessoas que compartilham nossa visão, apoiando-nos mutuamente e celebrando cada vitória, por menor que seja, fortalecemos essa luz e a tornamos mais radiante.

É hora de nos libertarmos das correntes que nos prendem a uma existência monótona e insatisfatória. É hora de reconhecer que somos criadores de nossa própria realidade, coautores de nossas histórias. Ao abraçar a lei de causa e efeito e compreender que cada escolha conta, podemos construir um legado que perdure além de nossas vidas—um legado de amor, de paixão e de um compromisso inabalável com o que realmente importa.

Assim, convido você, caro leitor, a refletir sobre a sua própria vida. O que você ama? O que faz seu coração bater mais forte? Como você pode infundir sua energia e intenção nas atividades que realiza? O universo está ouvindo, e suas ações, por menores que sejam, têm o poder de criar ondas de mudança. Portanto, ouse sonhar, ouse agir e, acima de tudo, ouse amar. Porque, no grande esquema do cosmos, o amor é a força mais poderosa de todas — e a verdadeira essência do que significa ser humano.

Juntos, podemos transformar nossa realidade, um ato de amor por vez, até que o eco de nossas ações reverbere por todo o cosmos, criando um mundo onde cada ser possa florescer, onde a abundância seja a norma e onde a vida seja celebrada em todas as suas formas. Este é o chamado do nosso tempo; esta é a promessa do nosso futuro.

O GÊNIO DA VIDA AUTÊNTICA

No vasto universo da experiência humana, onde cada um de nós é um viajante em busca de significado, emerge a figura do "Gênio da Vida Autêntica". Este gênio não é uma entidade mágica que concede desejos, mas sim uma presença palpável que reside dentro de nós, esperando ser despertada. É a personificação do amor autêntico, da paz interior, da alegria contagiante, da compaixão sincera, da resiliência inabalável, da liberdade vibrante e da prosperidade que transcende o materialismo.

Ao longo da vida, muitas vezes nos deparamos com a dualidade entre o que nos é imposto pelo mundo externo e o que verdadeiramente desejamos internamente. O gênio nos convida a romper essas barreiras e descobrir experiências de vida que realmente ressoem com nossa essência. A primeira lição que aprendemos ao abraçar o gênio é que o amor autêntico não é apenas uma emoção; é um estado de ser. Este amor se manifesta em relacionamentos que não dependem de condições, onde o simples ato de estar presente é suficiente para nutrir e fortalecer os laços. Ao nos entregarmos a esse amor, aprendemos a valorizar o outro, a ver a beleza nas imperfeições e a celebrar a singularidade de cada indivíduo.

À medida que mergulhamos mais fundo nessa jornada, encontramos uma paz que vem de dentro. Não é uma paz conquistada através da ausência de conflitos, mas sim uma serenidade que nos permite enfrentar tempestades com o coração tranquilo. Essa paz se torna um farol em tempos de incerteza, guiando-nos não apenas em nossas interações com os outros, mas também em nosso relacionamento conosco mesmos. A prática da meditação, por exemplo, pode ser vista como uma ferramenta que nos ajuda a conectar com esse gênio, proporcionando momentos de reflexão e autoconsciência.

A alegria, então, floresce como resultado dessa conexão. Não a alegria passageira encontrada em prazeres superficiais, mas uma alegria profunda que surge da gratidão pelas pequenas coisas da vida. O gênio nos ensina que a verdadeira alegria é uma escolha; é a decisão de ver o mundo através de uma lente positiva, de encontrar beleza mesmo nas situações mais desafiadoras. Uma caminhada na natureza, um sorriso trocado com um estranho ou um momento de silêncio em apreciação podem se tornar fontes inesgotáveis de alegria.

A compaixão, por sua vez, é o fio que tece nossas experiências de amor e alegria. O gênio nos inspira a olhar para o sofrimento dos outros com empatia, a estender a mão ao próximo sem esperar nada em troca. A prática da compaixão não só transforma vidas, como também nos transforma. Em um mundo tão polarizado, onde as divisões parecem ser a norma, a compaixão nos convida a ver além das diferenças e a nos conectar em um nível mais profundo.

No entanto, a vida não está livre de desafios. É aqui que a resiliência se torna uma aliada fundamental. O gênio nos ensina que a resiliência não é apenas a capacidade de se recuperar, mas a capacidade de crescer e aprender com a adversidade. Cada obstáculo se torna uma oportunidade para fortalecer nosso caráter e expandir nossa visão de mundo. A resiliência é cultivada através de práticas que nos permitem enfrentar nossos medos e incertezas, transformando cada queda em um impulso para nos levantarmos mais fortes.

A liberdade, muitas vezes entendida como a ausência de limitações, é uma experiência interna. O gênio nos guia a perceber que a verdadeira liberdade não está em escapar das correntes externas, mas em libertar nossa mente de crenças limitantes e julgamentos. Essa liberdade nos permite viver de forma autêntica, expressando nossos desejos e anseios sem medo do que os outros vão pensar. Quando nos libertamos das expectativas externas, começamos a dançar ao ritmo da nossa própria vida.

Finalmente, a prosperidade se revela como um estado de abundância que vai além do material. O gênio nos ensina que a prosperidade é um reflexo da qualidade de nossas experiências e da profundidade de nossos relacionamentos. Trata-se de criar um legado de amor, compaixão e resiliência que pode ser passado para as futuras gerações. Quando vivemos de forma autêntica, atraímos oportunidades que nutrem não apenas nossas necessidades materiais, mas também nossas aspirações mais profundas.

Assim, ao abraçar o gênio da vida autêntica, somos convidados a viver experiências que ressoam com amor, paz, alegria, compaixão, resiliência, liberdade e prosperidade. Cada um de nós carrega dentro de si essa centelha de autenticidade, pronta para ser acesa. Ao permitir que o gênio interior se manifeste, começamos a perceber que nossas vidas não são apenas uma série de eventos aleatórios, mas um intricado bordado tecendo experiências vividas com intenção e amor.

Assim, como viajantes em uma jornada compartilhada, somos chamados a explorar não apenas o que é externo, mas também o que reside dentro de nosso ser. Esta exploração nos leva a uma compreensão mais profunda de nós mesmos e dos outros ao nosso redor. A jornada do gênio da vida autêntica é sobre nos tornarmos conscientes de nossas emoções, pensamentos e ações, permitindo-nos viver com uma clareza que ilumina o caminho não apenas para nós mesmos, mas para aqueles que cruzam nosso caminho.

À medida que mergulhamos neste estado de consciência, começamos a notar que cada interação se torna uma oportunidade de aprendizado e crescimento. Um simples ato de gentileza pode criar ondas de compaixão que reverberam através do tempo e espaço. A resiliência se torna uma força motriz que nos impulsiona adiante, mesmo quando os ventos da vida sopram adversamente. É nesta dança entre aceitação e transformação que encontramos a verdadeira liberdade — a capacidade de ser quem somos, sem o peso das expectativas externas ou inseguranças internas.

Neste mundo interconectado, a prosperidade se expande quando escolhemos compartilhar nossas experiências e aprendizados. Quando um coração ama autenticamente, ele inspira outros a fazerem o mesmo. O gênio nos lembra que, ao nutrir um ambiente de apoio e empatia, não apenas enriquecemos nossas próprias vidas, mas também plantamos as sementes para um futuro mais harmonioso. A prosperidade torna-se um ciclo contínuo, onde cada ato de generosidade traz consigo frutos de abundância e crescimento.

No entanto, é importante lembrar que esta jornada não é linear. Haverá momentos de dúvida, insegurança e até desespero. O gênio nos ensina que esses momentos não são falhas, mas partes essenciais de nosso desenvolvimento. Eles nos oferecem a oportunidade de refletir, reavaliar e renascer com uma nova perspectiva. A verdadeira beleza da vida está em sua imperfeição, e é nesta imperfeição que encontramos uma conexão genuína com os outros e conosco mesmos.

Portanto, ao abraçar o gênio da vida autêntica, somos chamados a criar um legado de amor, paz e compaixão. Nossas experiências se entrelaçam, formando uma rede vibrante de apoio e compreensão. Juntos, podemos transformar não apenas nossas vidas, mas também a sociedade ao nosso redor. Com cada passo que damos, com cada escolha que fazemos, somos lembrados de que a verdadeira magia não está em desejos concedidos, mas em viver plenamente a vida que nos foi dada, com autenticidade e propósito.

Que possamos nos comprometer a viver com a consciência de que somos co-criadores de nossa realidade. Que não busquemos apenas nossas próprias experiências de vida em amor autêntico, paz, alegria, compaixão, resiliência, liberdade e prosperidade, mas também inspiremos outros a fazerem o mesmo. Afinal, a vida é uma bela jornada, e cada um de nós tem o poder de ser o gênio que transforma não apenas sua própria história, mas também o mundo ao seu redor.

À medida que nos comprometemos a viver autenticamente, somos chamados a cultivar um espaço para diálogo e compreensão. Precisamos lembrar que em um mundo tão diversificado e multifacetado, cada voz tem seu valor e cada história merece ser ouvida. É nesta rica troca de experiências que encontramos oportunidades de crescimento mútuo e aprendizado coletivo.

Com isso, cada um de nós pode se tornar um agente de mudança, não apenas em nossas comunidades, mas também em esferas mais amplas. Ao nos unirmos em torno de causas que ressoam em nossos corações, podemos criar movimentos que gerem um impacto significativo. Solidariedade e empatia se tornam as chaves que abrem portas para um futuro mais justo e igualitário.

Além disso, ao abraçar nossa vulnerabilidade e compartilhar nossas lutas, criamos espaço para que outros façam o mesmo. Essa coragem de ser autêntico gera um ciclo de apoio que pode transformar vidas. Em vez de nos escondermos atrás de máscaras, podemos celebrar a beleza das imperfeições que nos tornam humanos. É neste espaço de segurança que se forma a verdadeira conexão, e juntos podemos superar desafios que antes pareciam intransponíveis.

E assim, ao olharmos para o futuro, somos lembrados de que cada dia é uma nova oportunidade de fazer a diferença. Que possamos acordar com a intenção de ser a luz que ilumina o caminho para os outros, de cultivar um ambiente onde o amor e a aceitação prosperem. Que nossas ações, por menores que sejam, sejam sementes de esperança e inspiração, germinando em corações dispostos a sonhar e agir.

A jornada do gênio da vida autêntica não é apenas uma busca individual; é um convite à coletividade. Que possamos caminhar juntos, lado a lado, sempre prontos para nos apoiar uns aos outros, sempre prontos para celebrar conquistas, grandes e pequenas. Porque, no fim, é essa união que transforma o mundo—um gesto, uma palavra, um ato de amor de cada um de nós. E assim, a magia de ser humano se revela em sua forma mais pura: na capacidade de amar, de sonhar e de criar um legado que ressoa por gerações.

O DESPERTAR DA CONSCIÊNCIA

CONHECENDO A SI MESMO

A vida, esse presente extraordinário que nos é oferecido, é como um vasto oceano de possibilidades. Em cada onda que se forma, uma nova oportunidade para aprendizado e crescimento nos aguarda. Rumi, o famoso poeta persa, disse: "Sua tarefa não é buscar o amor, mas simplesmente buscar e encontrar todas as barreiras dentro de você que construíste." Este chamado à introspecção é uma das chaves para o despertar da consciência.

Desde jovens, somos bombardeados com expectativas, crenças e normas que moldam nossa visão de mundo. No entanto, como podemos realmente nos conhecer se estamos constantemente navegando nas águas turvas das opiniões alheias? É essencial que, em algum momento de nossas vidas, paremos, olhemos para dentro e nos permitamos descobrir nossa verdadeira essência. Como Carl Jung sabiamente observou: "Quem olha para fora, sonha; quem olha para dentro, desperta."

Esse processo de autodescoberta é muitas vezes uma jornada solitária e, ao mesmo tempo, profundamente conectiva. Ao nos permitirmos explorar nossos pensamentos, sentimentos e experiências, começamos a perceber que somos mais do que apenas os rótulos que os outros impõem sobre nós. Somos, de fato, uma coleção de histórias, esperanças, medos e sonhos. A escritora Maya Angelou afirmou: "Aprendi que as pessoas esquecerão o que você disse, esquecerão o que você fez, mas nunca esquecerão como você as fez sentir." Esta verdade ressoa profundamente quando consideramos que, ao nos conhecermos, também compreendemos como podemos impactar a vida daqueles ao nosso redor.

A autoconsciência não é apenas um ato de introspecção, mas também de aceitação. Aceitar nossas falhas e limitações é tão vital quanto celebrar nossas vitórias e conquistas. Esse equilíbrio é o que nos torna humanos e é, de fato, uma das maiores formas de amor-próprio. Como disse o filósofo Epicteto: "Não são as coisas que nos perturbam, mas nossas opiniões sobre elas." Portanto, o primeiro passo para a liberdade é nos libertar das opiniões que nos aprisionam.

À medida que mergulhamos mais fundo nessa jornada de autoconhecimento, é essencial estarmos abertos ao aprendizado contínuo. A vida é uma escola, e cada experiência, seja positiva ou negativa, traz lições valiosas. O renomado autor Paulo Coelho nos lembra: "Quando você quer algo, todo o universo conspira para que você realize seu desejo." Essa conspiração não é apenas externa; é também interna. Quando nos comprometemos a entender quem somos, o universo se alinha e oportunidades se manifestam de formas que nunca poderíamos ter imaginado.

Compreender a si mesmo é também um chamado à ação. À medida que deciframos o que realmente queremos e precisamos, somos impulsionados a agir em direção a essas verdades. Essa ação pode se manifestar de diferentes formas: mudanças de carreira, relacionamentos mais saudáveis, ou até mesmo a busca de novos hobbies que nutrem nossa alma. Como disse a filósofa Simone de Beauvoir: "Ao mudar a vida, mudamos o mundo." É nesse espírito que, ao nos conhecermos, não transformamos apenas nossas vidas, mas também contribuímos para a evolução coletiva da humanidade.

Finalmente, o despertar da consciência é um convite à gratidão. Ao reconhecer a beleza nas nuances da vida, aprendemos a valorizar cada momento, cada desafio e cada alegria. A gratidão nos conecta com o presente, permitindo-nos viver plenamente. "A gratidão não é apenas a maior das virtudes, mas a mãe de todas as outras", disse Cícero, lembrando-nos que esse sentimento é a base de uma vida significativa.

Assim, ao embarcarmos nessa jornada de autoconhecimento, lembremo-nos de que cada passo dado é um passo em direção a uma vida mais autêntica e plena. A autoconsciência não é um destino, mas uma jornada contínua, uma dança entre quem somos e quem aspiramos ser. E, como disse o filósofo Sêneca: "A vida é longa se você souber usá-la." Portanto, vamos usar esta vida para explorar o vasto universo que reside dentro de nós e celebrar nossa singularidade neste grande quebra-cabeça chamado humanidade.

DESCOBRINDO QUEM SOMOS

A jornada da autodescoberta é uma das experiências mais fascinantes e, ao mesmo tempo, desafiadoras que já empreendi. Para mim, tudo começou com perguntas simples, mas profundamente inquietantes: "Quem sou eu? O que me faz feliz? Quais são meus talentos e paixões?" Lembro-me de um momento quando me fiz essas perguntas enquanto olhava pela janela, observando o mundo lá fora. As respostas pareciam distantes, como se estivessem escondidas sob camadas de expectativas e obrigações.

Essas perguntas, que à primeira vista podem parecer triviais, tornaram-se os pilares que sustentam meu ser. O filósofo Sócrates disse: "Conhece-te a ti mesmo", um conselho que ecoou em minha mente por anos. Esse chamado à introspecção ressoava dentro de mim e me instigava a buscar não só no mundo externo, mas também dentro de mim mesmo. A verdade é que, desde muito jovem, fui incentivado a aprender sobre o mundo ao meu redor — matemática, ciências, línguas — mas raramente me foi oferecida a oportunidade de explorar meu mundo interior.

Por que isso acontece? Por que não existem espaços dedicados ao autoconhecimento nas escolas e lares? Ao longo da minha vida, percebi que a maioria das pessoas não se sente à vontade para discutir suas emoções ou explorar suas identidades. E isso me fez refletir sobre a importância de introduzir práticas de autoconhecimento desde a infância. Atividades como meditação, arte e escrita reflexiva podem ser ferramentas poderosas para ajudar não apenas os jovens, mas todos nós a nos conectarmos com nossas emoções e entender melhor quem realmente somos.

Experimentar a meditação foi um dos primeiros passos que dei nessa jornada. No início, era difícil silenciar a mente e permitir-me sentir. No entanto, à medida que persisti, descobri um espaço interno de paz e clareza. Como o autor e professor Thich Nhat Hanh disse: "A paz está em cada passo que damos. Se estivermos conscientes, a paz se tornará parte de nós." Essa prática começou a revelar camadas da minha identidade que estavam escondidas até então. Comecei a entender que não sou apenas o que faço, mas também o que sinto e como me conecto com os outros.

Além disso, a escrita reflexiva tornou-se uma aliada poderosa na minha busca pelo autoconhecimento. Ao colocar meus pensamentos e emoções no papel, consegui enxergar o que antes era apenas um turbilhão confuso na minha mente.

"Escrever é a pintura da voz", disse Voltaire, e essa afirmação nunca me pareceu tão verdadeira. Através da escrita, comecei a expressar não apenas minhas experiências, mas também minhas esperanças e medos. Cada palavra revelava um pouco mais sobre quem sou, e essa revelação foi tanto libertadora quanto transformadora.

A arte de cozinhar e confeitar se tornou um veículo essencial na minha jornada de autodescoberta. Desde muito jovem, aprendi a magia dos sabores, texturas e cores, e a importância de colocar amor em tudo que toco. Cada receita tornou-se uma oportunidade de criar algo especial, onde a combinação de ingredientes não só satisfazia o paladar, mas também nutria a alma. Pois quando amamos o que estamos fazendo, é possível estar verdadeiramente no momento presente. Como dizem, é possível "entrar no fluxo", onde a criatividade flui e a conexão com o que fazemos se torna intensa. Essa dedicação à culinária me permitiu explorar emoções e experiências, e ao compartilhar meus pratos com os outros, descobri uma nova dimensão de conexão humana que enriqueceu não apenas minha vida, mas também a daqueles que se sentaram à mesa comigo.

Ao longo desta jornada, percebi que a autodescoberta não é um destino, mas um processo contínuo. Às vezes, as respostas que busco se revelam rapidamente; outras vezes, elas se escondem, desafiando-me a continuar a busca. Não há um manual a seguir, mas cada passo dado me aproxima da verdade sobre quem sou.

No final, percebo que a verdadeira felicidade não reside apenas nas conquistas externas, mas na capacidade de viver em autenticidade. O escritor e filósofo Ralph Waldo Emerson disse: "A única maneira de ter um amigo é ser um." Isso se aplica a nós mesmos também: a única maneira de verdadeiramente nos conhecermos é aceitar e amar a nós mesmos como somos. Essa aceitação traz consigo uma liberdade que eu nunca imaginei ser possível.

Portanto, enquanto continuo essa jornada de descoberta, convido você a juntar-se a mim. Vamos questionar, explorar e celebrar quem somos. Afinal, a vida é uma oportunidade incrível de nos conhecermos e nos tornarmos a melhor versão de nós mesmos. E assim, juntos, podemos iluminar o caminho para aqueles que ainda estão buscando suas próprias verdades.

O PROPÓSITO E A CONEXÃO COM O TODO

A busca pelo propósito é uma jornada que tem guiado a humanidade desde tempos imemoriais. Platão, em suas reflexões, afirmou que "o maior erro que um homem pode cometer é sacrificar sua saúde por qualquer outra coisa." Esta afirmação não se limita à saúde física, mas também à saúde espiritual e emocional, que são nutridas pelo entendimento do nosso lugar no mundo e do impacto que temos ao nosso redor. Entender por que estamos aqui e qual é o nosso papel neste vasto universo é uma questão que, embora complexa, pode ser abordada através das pequenas ações que tomamos diariamente.

A conexão com o todo é um conceito que ressoa profundamente dentro de cada um de nós. Quando incentivamos as crianças a se envolverem em atividades voluntárias ou explorarem suas comunidades, abrimos uma porta para que vejam a si mesmas como parte de algo maior. É uma oportunidade de cultivar empatia e responsabilidade social. Como disse Mahatma Gandhi: "A verdadeira medida de qualquer sociedade pode ser encontrada na forma como trata seus membros mais desfavorecidos." Este princípio se aplica não apenas aos adultos, mas também às crianças, que têm o potencial de se tornarem agentes de mudança desde cedo.

Imagine uma criança que, ao participar de um projeto de jardinagem comunitária, não apenas aprende sobre o ciclo de vida das plantas, mas também sobre a importância da colaboração e do cuidado com o meio ambiente. Cada semente plantada torna-se um símbolo de esperança e renovação, uma metáfora para o crescimento pessoal e social. Ao se sentir parte deste processo, as crianças começam a perceber que suas ações, não importa quão pequenas sejam, têm um impacto significativo. "Pequenos atos, quando multiplicados por milhões de pessoas, podem transformar o mundo," disse Howard Zinn, e é com esse pensamento que devemos cultivar a conscientização nas novas gerações.

A conexão com o todo também nos ajuda a entender que o propósito não é um destino, mas uma jornada. É um processo contínuo de descoberta e redescoberta. À medida que nos engajamos em diferentes atividades, conhecemos pessoas, aprendemos novas habilidades e ampliamos nossas perspectivas, crescemos. Como disse o filósofo e escritor Ralph Waldo Emerson: "A única maneira de ter um amigo é ser um." Esta citação nos convida a refletir sobre como, ao nos doar, recebemos tanto em troca, criando laços que nos conectam uns aos outros e ao mundo.

Além disso, ao contemplarmos a ideia de que cada um de nós tem uma missão única, devemos lembrar que essa missão muitas vezes se entrelaça com as necessidades do mundo. Em um tempo em que a sociedade enfrenta desafios globais, é imperativo que as novas gerações sejam educadas não apenas para serem bem-sucedidas, mas também para serem conscientes e solidárias. A escritora e ativista Maya Angelou disse: "Aprendi que as pessoas vão esquecer o que você disse, as pessoas vão esquecer o que você fez, mas nunca vão esquecer como você as fez sentir." Esse poder de transformar vidas, mesmo em pequena escala, é um legado que devemos passar adiante.

Atividades de voluntariado podem servir como ponto de partida para esta jornada de autodescoberta. Ao ajudar os outros, as crianças não apenas aprendem sobre compaixão e altruísmo, mas também desenvolvem habilidades que serão essenciais para a vida. À medida que se tornam ativas em suas comunidades, começam a entender que fazem parte de um sistema interconectado, onde cada ação tem um eco e cada gesto de bondade reverbera além do que podemos ver. A conexão com o todo nos lembra que, embora sejamos indivíduos únicos, todos estamos entrelaçados em uma rica e complexa tapeçaria chamada vida.

Em resumo, ao cultivar um senso de propósito nas crianças e encorajá-las a se conectar com o todo, estamos lançando as bases para um futuro onde a empatia, a responsabilidade e a ação coletiva prevaleçam. Como disse o escritor Antoine de Saint-Exupéry: "A verdadeira descoberta não consiste em procurar novas paisagens, mas em ter novos olhos." Que possamos olhar para o mundo com esses novos olhos e inspirar as futuras gerações a fazer o mesmo.

O PODER EXTRAORDINÁRIO DENTRO DE NÓS

Desde os tempos antigos, a humanidade tem se deparado com uma questão fundamental: qual é, de fato, o poder que reside dentro de nós? A resposta, embora complexa, pode ser resumida em uma palavra: criação. "Criação é a expressão mais pura da liberdade humana," disse o renomado filósofo Jean-Paul Sartre. Compreender e abraçar esse poder criativo é uma jornada que todos devemos empreender, e começa na infância.

O poder de criar se manifesta de diversas formas, não se limitando apenas às artes. Ele permeia todos os aspectos da vida cotidiana: na maneira como interagimos, como amamos e como nos desafiamos a evoluir. Cada ação que tomamos e cada palavra que pronunciamos tem o potencial de moldar nossa realidade e influenciar aqueles ao nosso redor. Como disse Mahatma Gandhi, "Você deve ser a mudança que deseja ver no mundo." Esta citação não só inspira, mas também nos lembra da responsabilidade que temos de usar nosso poder criativo para promover transformações positivas.

Para as crianças, a descoberta desse poder é um processo essencial. Desde o momento em que aprendem a desenhar até começarem a formular suas próprias ideias e opiniões, é crucial que sejam incentivadas a se expressar. A criatividade é a base sobre a qual construímos nossas identidades; é a faísca que acende a chama da autoconfiança e da autonomia. "Criatividade é a inteligência se divertindo", disse Albert Einstein, enfatizando a importância de ver o ato de criar como uma brincadeira, uma exploração. Assim, ao cultivar a expressão criativa nas crianças, estamos não só nutrindo suas almas, mas também lançando as bases para futuros líderes e inovadores.

Em um mundo que muitas vezes valoriza a conformidade e a obediência, é vital que educadores e pais reconheçam a importância de nutrir o potencial criativo das crianças. Isso pode ser feito através de atividades artísticas como pintura e escrita, mas também através da ciência e tecnologia. Estimular o pensamento crítico e a resolução de problemas é igualmente essencial. Como diz o escritor e educador Ken Robinson, "A criatividade agora é tão importante na educação quanto a alfabetização, e devemos tratá-la com o mesmo status." Ao integrar a criatividade na aprendizagem, estamos equipando as crianças com as ferramentas necessárias para navegar e transformar o mundo.

Além disso, é importante lembrar que o poder de criar não

se limita à produção de algo novo, mas também envolve a capacidade de transformar o que já existe. A inovação muitas vezes surge da reinterpretação e adaptação. O famoso inventor Thomas Edison uma vez afirmou, "Muitas das falhas da vida são de pessoas que não perceberam o quão perto estavam do sucesso quando desistiram." Esta afirmação nos ensina que o fracasso é apenas parte do processo criativo, uma oportunidade para aprender e crescer. Portanto, ao ensinar as crianças a abraçar o fracasso como uma oportunidade de aprendizado, estamos dando a elas a liberdade de explorar sem medo.

À medida que avançamos para um futuro cada vez mais complexo e interconectado, o poder extraordinário que reside dentro de cada um de nós se torna ainda mais crítico. A habilidade de criar, de imaginar um mundo diferente e de trabalhar coletivamente para esse ideal é o que nos permitirá enfrentar os desafios globais iminentes. "Não herdamos a terra de nossos ancestrais; emprestamos de nossos filhos", diz o sábio provérbio indígena. Esta visão nos lembra da importância de construir um legado sustentável e criativo para as gerações futuras.

Em resumo, o poder que todos possuímos é extraordinário. É uma ferramenta que, quando usada sabiamente, pode transformar não apenas nossas vidas, mas a sociedade como um todo. Incentivar a criatividade, valorizar a expressão individual e ter a coragem de sonhar são essenciais para criarmos juntos um mundo melhor. Como disse o poeta

Rainer Maria Rilke, "A criação é eterna. E o que é criado é sempre novo."

O poder que todos possuímos é, em essência, o poder de criar. Criar não apenas no sentido artístico, mas também na forma como vivemos, amamos e interagimos com o mundo. Cada um de nós tem a capacidade de influenciar os outros, de transformar ideias em ações e de gerar mudanças significativas. É essencial que desde cedo, as crianças aprendam sobre a força de suas vozes e ações. Estimular a expressão criativa em todas as suas formas—seja através da música, dança, escrita ou ciências—é fundamental para que cada indivíduo reconheça seu potencial. Portanto, vamos, com nossos talentos e visões, contribuir para esta criação contínua, reconhecendo o extraordinário poder dentro e ao nosso redor. Que cada um de nós se torne um agente de mudança, disposto a explorar novas ideias e desafiar o status quo. Ao abraçar a criatividade e a inovação em todas as suas formas, não apenas elevamos nossas próprias vidas, mas também inspiramos aqueles ao nosso redor a fazer o mesmo. Juntos, podemos construir um futuro onde a expressão individual e a colaboração coletiva caminhem lado a lado, onde as vozes de todos sejam ouvidas e celebradas. Assim, ao cultivar este poder em nossos corações e mentes, deixamos um legado de esperança e transformação, um testemunho de que o extraordinário não é apenas um sonho distante, mas uma realidade que podemos criar, dia após dia, com cada ação, palavra e ato de amor.

SUPERANDO OBSTÁCULOS

A jornada da autodescoberta é um caminho repleto de desafios e experiências de aprendizado. Desde os primeiros passos até a adolescência, as crianças navegam por um mundo que muitas vezes parece cheio de obstáculos. Pressões sociais, expectativas familiares e autocrítica são apenas algumas das barreiras que podem surgir ao longo do caminho. A questão que se coloca, então, é: como podemos preparar as futuras gerações para enfrentar essas adversidades de maneira saudável e construtiva?

Uma das chaves para essa preparação é criar um ambiente de apoio. Em um mundo que muitas vezes valoriza a perfeição, é crucial que as crianças aprendam desde cedo que a vulnerabilidade não é um sinal de fraqueza, mas sim uma forma poderosa de conexão humana. Brené Brown, uma renomada pesquisadora sobre vulnerabilidade, afirma: "A vulnerabilidade é o berço da inovação, criatividade e mudança." Ao encorajar as crianças a expressarem seus medos e inseguranças abertamente, estamos cultivando um espaço onde elas podem se sentir seguras para explorar suas emoções e, consequentemente, crescer.

Além disso, é essencial que os erros sejam vistos como oportunidades de aprendizado, e não como falhas. A cultura do medo em torno de cometer erros pode sufocar a criatividade e a coragem de tentar coisas novas. Como disse Thomas Edison: "Eu não falhei. Apenas descobri 10.000 maneiras que não funcionam." Essa mentalidade deve ser incorporada desde os primeiros anos escolares. Criando um ambiente escolar que valorize o aprendizado a partir dos erros, podemos ajudar as crianças a desenvolver uma resiliência natural que as acompanhará ao longo da vida.

A implementação de oficinas sobre inteligência emocional e resiliência nas escolas pode ser uma maneira eficaz de equipar os jovens com as ferramentas necessárias para lidar com os altos e baixos da vida. Essas oficinas podem ensinar habilidades como gerenciamento de estresse, empatia e comunicação assertiva. A inteligência emocional, em particular, é uma habilidade vital que permite aos indivíduos reconhecer e gerenciar suas próprias emoções e as dos outros. Daniel Goleman, autor do livro Inteligência Emocional, destaca que "inteligência emocional é a capacidade de reconhecer nossos próprios sentimentos e os dos outros, de nos motivarmos e de gerenciar bem as emoções em nós mesmos e em nossos relacionamentos."

No entanto, a responsabilidade não recai unicamente sobre as instituições educacionais. Pais e cuidadores também desempenham um papel crucial nesse processo. Criar um lar onde as emoções sejam discutidas abertamente e onde cada erro seja uma oportunidade de crescimento pode fazer uma diferença significativa na forma como as crianças percebem o mundo ao seu redor. O filósofo grego Aristóteles disse: "A educação é a melhor provisão para a velhice." E de fato, preparar as crianças para a vida não é apenas uma questão de conhecimento acadêmico, mas de ensiná-las a navegar pelas complexidades emocionais e sociais que encontrarão ao longo do caminho.

Finalmente, é vital que as crianças vejam exemplos de resiliência em ação, tanto em casa quanto na sociedade. Histórias de superação — seja por meio de biografias, literatura ou mesmo exemplos de figuras públicas que enfrentaram adversidades — podem servir como fonte de inspiração. Quando os jovens veem que outros enfrentaram desafios e os superaram, isso lhes dá esperança e motivação para seguir em frente, mesmo quando o caminho se torna íngreme.

Superar obstáculos é uma parte intrínseca da condição humana. Ao criar um ambiente que valorize a vulnerabilidade, ensine o valor dos erros e promova a inteligência emocional, podemos preparar as futuras gerações não apenas para sobreviver, mas para prosperar em meio às adversidades. Afinal, como disse a famosa autora Maya Angelou: "Você pode sofrer muitas derrotas, mas não deve ser derrotado." E é essa mentalidade que devemos cultivar em cada criança para que se tornem os arquitetos de suas próprias vidas, capazes de enfrentar qualquer desafio que a vida lhes apresente.

A IMPORTÂNCIA DA DIVERSIDADE

No vasto mosaico da humanidade, a diversidade é a tinta que colore nossa experiência coletiva. Em um mundo tão diverso, é vital que todos aprendam a valorizar e respeitar as diferenças. Como disse Maya Angelou, "A diversidade é a única coisa que todos temos em comum." Esta declaração nos lembra que, apesar de nossas diferentes origens, culturas e crenças, todos compartilhamos a mesma humanidade. É essencial que entendamos que a diversidade não é apenas algo a ser tolerado, mas uma riqueza que enriquece nossas vidas e amplia nossa compreensão do que significa ser humano.

A educação desempenha um papel crucial na promoção da diversidade e inclusão. Ao incorporar a educação sobre diversidade cultural nos currículos escolares, podemos abrir a mente dos jovens, permitindo que vejam o mundo através de diferentes lentes. Isso não só enriquece seu conhecimento, mas também os ajuda a desenvolver empatia e se conectar mais profundamente com os outros. O filósofo e educador Paulo Freire argumentou que "educação é um ato de amor, e, portanto, um ato de coragem." Nesse contexto, educar sobre diversidade é um ato de coragem, desafiando preconceitos e promovendo uma sociedade mais justa e igualitária.

A diversidade não se limita apenas aos aspectos visíveis, como raça ou etnia. Ela abrange uma ampla gama de características, incluindo gênero, orientação sexual, idade, habilidades físicas e mentais, entre outras. Incluir todas essas vozes é essencial para construir um ambiente em que todos se sintam valorizados e respeitados. Como declarou o ativista dos direitos civis Nelson Mandela, "Ninguém nasce odiando outra pessoa por causa da cor de sua pele, sua origem ou sua religião." Isso nos ensina que o preconceito é aprendido e, portanto, pode ser desaprendido através da educação e conscientização.

Quando os jovens são expostos a diferentes culturas, tradições e modos de vida, eles aprendem a apreciar a beleza da diversidade. Essa conscientização pode ser promovida através de atividades interativas, como intercâmbios culturais, festivais de diversidade e projetos de pesquisa que incentivam a exploração de diferentes perspectivas. A escritora Chimamanda Ngozi Adichie, em seu famoso discurso "O Perigo de uma História Única," alerta sobre a importância de ouvir múltiplas histórias: "A história única cria estereótipos, e o problema dos estereótipos não é que sejam falsos, mas que são incompletos." Portanto, ao expor os jovens a uma variedade de narrativas, ajudamos a combater estereótipos e a fomentar uma compreensão mais rica e complexa do mundo.

A diversidade também é um motor de inovação e criatividade. Quando diferentes ideias e experiências se encontram, novas soluções e abordagens para problemas complexos surgem. A famosa citação de Steve Jobs, "Criatividade é apenas conectar coisas," nos lembra que as melhores inovações muitas vezes emergem na interseção de diferentes culturas e perspectivas. Em um cenário globalizado, onde os desafios enfrentados pela humanidade são cada vez mais interconectados, a capacidade de colaborar em um ambiente diverso é essencial para o progresso.

Além disso, promover a diversidade nas escolas e comunidades desempenha um papel crucial na preparação dos jovens para um mundo conectado. À medida que as fronteiras entre países e culturas se tornam cada vez mais tênues, a habilidade de trabalhar e se relacionar com pessoas de diferentes origens se torna uma competência indispensável. O ex-presidente dos Estados Unidos Barack Obama enfatizou, "A mudança não virá se esperarmos por outra pessoa ou outra hora. Nós somos aqueles pelos quais estávamos esperando." Este chamado à ação nos encoraja a nos tornarmos defensores da diversidade, não apenas em nossas palavras, mas em nossas ações diárias.

Em última análise, a diversidade é uma oportunidade, não um obstáculo. Como sociedade, devemos abraçar essa riqueza e aprender a ver as diferenças como uma fonte de força. A renomada ativista e escritora Audre Lorde disse, "Eu não sou livre enquanto qualquer outra mulher for não livre." Essa perspectiva nos lembra que a luta pela diversidade e inclusão é uma luta coletiva, uma batalha que devemos enfrentar juntos.

Assim, ao promover a educação sobre diversidade nas escolas e comunidades, não estamos apenas preparando os jovens para serem cidadãos globais mais conscientes, mas também construindo um futuro onde empatia, respeito e inclusão sejam as normas. Que possamos, portanto, valorizar e celebrar as diferenças que nos tornam únicos e, ao fazê-lo, descobrir a beleza e a força que emergem da nossa diversidade compartilhada. Ao cultivar um ambiente onde todos se sintam bem-vindos e respeitados, não estamos apenas promovendo justiça social, mas também construindo um futuro mais brilhante e harmonioso. Um futuro onde a empatia e a compreensão guiam nossas interações, e onde cada voz, independentemente de sua origem, é ouvida e valorizada. Juntos, podemos transformar o mundo em um espaço onde a diversidade não só é reconhecida, mas celebrada, abrindo caminho para um amanhã que respeita e honra o rico mosaico da experiência humana.

Em um mundo tão diverso, é vital que todos aprendam a valorizar e respeitar as diferenças. A diversidade é uma riqueza que enriquece nossas vidas e amplia nossa compreensão do que significa ser humano. Incorporar a educação sobre diversidade cultural e inclusão nos currículos escolares pode abrir as mentes dos jovens, permitindo que vejam o mundo através de diferentes lentes e, assim, se conectem mais profundamente com os outros.

A ESSÊNCIA DA DUALIDADE

A dualidade é um princípio fundamental que permeia a existência humana e o cosmos. Desde os tempos antigos, filósofos, espiritualistas e cientistas exploram a natureza dessa dualidade, percebendo que, sem a presença de opostos, a vida como a conhecemos não existiria. Como disse o filósofo grego Heráclito, "A luta é o pai de todas as coisas." Essa luta, ou tensão, entre os opostos é o que nos permite entender e experimentar a realidade.

A dualidade se manifesta em vários aspectos da vida. Luz e escuridão, amor e ódio, vida e morte, alegria e tristeza são apenas alguns exemplos de como esses opostos interagem e se complementam. A luz, por exemplo, só é percebida em contraste com a escuridão. A artista e escritora Anaïs Nin afirmou, "Nós não vemos as coisas como elas são; vemos as coisas como nós somos." Esta citação nos lembra que nossa percepção é moldada pelas dualidades internas e externas que residem em nós. A forma como interpretamos nossas experiências depende de como equilibramos e reconciliamos esses opostos.

Na filosofia oriental, particularmente no Taoísmo, essa ideia é encapsulada no conceito de Yin e Yang. Yin é frequentemente associado à escuridão, passividade e feminilidade, enquanto Yang representa a luz, atividade e masculinidade. Juntos, eles formam um ciclo dinâmico e interdependente, onde cada parte contém a semente da outra. Como disse Lao Tsé, autor do Tao Te Ching, "Quando você aceita tudo, tudo se torna possível." Essa aceitação não é resignação, mas uma profunda compreensão de que a dualidade é uma parte intrínseca da vida.

A dualidade também se reflete nas emoções humanas. Cada sentimento, não importa quão positivo, pode conter a semente de seu oposto. Por exemplo, o amor pode se transformar em ciúmes ou possessividade, enquanto a alegria pode dar lugar à tristeza em tempos de perda. O renomado psicólogo Carl Jung afirmou, "A sombra não é apenas o mal; a sombra é também a parte não reconhecida do eu." Reconhecer e integrar essas partes sombrias é essencial para o crescimento pessoal e para construir uma vida autêntica. Ao aceitar a dualidade dentro de nós, podemos começar a nos libertar das limitações que ela impõe.

A dualidade não se limita ao indivíduo, mas também se estende à sociedade. Divisões entre grupos, classes sociais, raças e ideologias são exemplos claros de como a dualidade permeia as interações humanas. O líder e ativista Martin Luther King Jr. destacou essa realidade ao afirmar: "A injustiça em qualquer lugar é uma ameaça à justiça em toda parte." Essa citação enfatiza a importância de reconhecer que todas as ações e decisões têm repercussões que transcendem o indivíduo. A luta pela igualdade e justiça é, em essência, um chamado para transcender a dualidade que nos separa e nos unir em um propósito comum.

Ao navegarmos pelas complexidades da dualidade, é crucial lembrar que, embora os opostos possam parecer antagônicos, eles também são interdependentes. A vida é um ciclo de transformação, onde a morte é necessária para o renascimento, e a dor muitas vezes precede a cura. O filósofo Friedrich Nietzsche capturou essa ideia ao dizer, "O que não me mata me fortalece." Essa perspectiva nos permite entender que os desafios e dificuldades que enfrentamos são oportunidades para crescimento e aprendizado.

Além disso, a dualidade nos oferece uma rica tapeçaria de experiências. Cada emoção, cada desafio e cada alegria traz consigo uma lição valiosa. A escritora e ativista Maya Angelou expressou essa sabedoria ao afirmar, "Aprendi que as pessoas esquecerão o que você disse, as pessoas esquecerão o que você fez, mas as pessoas nunca esquecerão como você as fez sentir." Essa citação nos lembra que, em última análise, a forma como navegamos pela dualidade determina os relacionamentos que construímos e o impacto que temos nos outros.

Ao refletirmos sobre a essência da dualidade, somos convidados a reconhecer que não precisamos temer os opostos, mas sim abraçá-los. A verdadeira sabedoria reside na capacidade de ver além das aparências e entender que, em última análise, todos os opostos são partes de um todo maior. Como disse o filósofo grego Platão, "O maior erro que podemos cometer é pensar que estamos separados." Essa separação é uma ilusão que nos impede de perceber a interconexão de todas as coisas.

Portanto, à medida que exploramos a essência da dualidade, somos desafiados a cultivar compaixão e empatia, tanto para conosco quanto para com os outros. Reconhecer que cada um de nós carrega suas próprias lutas e triunfos nos permite construir pontes em vez de muros. A verdadeira transformação acontece quando escolhemos abraçar a complexidade da vida, reconhecendo que a dualidade não é um obstáculo a ser superado, mas uma parte essencial da nossa jornada. Ao aceitar e integrar esses opostos, podemos nos tornar seres humanos mais completos, capazes de viver com autenticidade e amor. Em última análise, a essência da dualidade nos convida a dançar com a vida, a respeitar suas nuances e a encontrar beleza na interconexão de todas as coisas, permitindo-nos expandir nossa consciência e criar um mundo onde unidade e diversidade coexistem em harmonia.

"Somos seres espirituais vivendo uma experiência física."

— PIERRE TEILHARD DE CHARDIN

Em um mundo onde a realidade é muitas vezes limitada ao tangível, ao que podemos ver, tocar e medir, a frase "Somos seres espirituais vivendo uma experiência física" surge como um convite à reflexão profunda e à exploração das camadas invisíveis da existência humana. O que realmente significa ser um ser espiritual? Como essa essência etérea interage com a carne, os sentidos e as limitações do corpo? Este capítulo propõe desvendar a rica tapeçaria que compõe a relação entre espírito e matéria, desafiando a percepção convencional que muitas vezes nos aprisiona em uma visão monolítica da vida.

Imaginemos, por um momento, que somos viajantes temporários em um universo vasto e maravilhoso. Nossas almas, antes de encarnar, são como sementes dispersas ao vento, cada uma carregando o potencial para se transformar em algo belo e único. Ao entrarmos em nossos corpos físicos, somos presenteados com uma experiência sensorial única — a capacidade de sentir, tocar, amar e aprender. No entanto, essa experiência, embora rica e multifacetada, pode muitas vezes nos afastar de nossa verdadeira essência. Perdemos-nos em rotinas, obrigações e expectativas sociais, esquecendo que somos, acima de tudo, seres de luz e consciência.

Um dos maiores desafios nesta jornada é a tendência de nos identificarmos exclusivamente com a forma física. A sociedade, com suas convenções e normas, muitas vezes nos encoraja a medir nosso valor e sucesso através de conquistas materiais. No entanto, essa perspectiva é limitada e pode levar a uma crise de identidade. O espírito, que é intrinsecamente livre e expansivo, sente-se aprisionado em um corpo que, por sua natureza, é efêmero. A desconexão entre ser e ter gera um vazio existencial que muitos buscam preencher com posses, status ou validação externa.

Para entender essa dualidade, podemos recorrer a tradições espirituais e filosóficas que nos falam sobre a unidade entre corpo e espírito. O conceito de "tudo é um" nos convida a perceber que, mesmo vivendo em um mundo físico, estamos todos entrelaçados em uma teia de energia e consciência. Isso implica que nossas ações, pensamentos e emoções não apenas nos afetam, mas reverberam no universo ao nosso redor. Como seres espirituais, cada interação que temos é uma oportunidade de crescimento e aprendizado, não apenas para nós, mas para o coletivo.

No entanto, é essencial reconhecer os obstáculos que surgem nessa jornada de autodescoberta. A pressão social, o medo do desconhecido e a resistência à mudança podem criar barreiras significativas. Muitas vezes, sentimos que estamos sozinhos nessa busca, como se fôssemos os únicos a questionar a natureza da realidade. Aqui, a criatividade torna-se uma ferramenta poderosa. Através da arte, música, escrita e expressão pessoal, podemos explorar e compartilhar nossas experiências espirituais de maneiras que ressoem com os outros. Essas criações não apenas nos permitem expressar nossa individualidade, mas também nos conectam a uma comunidade mais ampla de buscadores.

Praticamente, como podemos viver plenamente essa dualidade de sermos seres espirituais em uma realidade física? A resposta pode ser encontrada em práticas diárias que nutrem tanto o corpo quanto o espírito. A meditação, por exemplo, oferece um espaço sagrado para aquietar a mente e ouvir a voz interior. Cultivando a atenção plena, podemos redescobrir a presença do espírito que reside dentro de nós, permitindo que essa luz guie nossas ações no mundo físico. Da mesma forma, práticas como a dança, yoga ou até mesmo caminhar na natureza nos ajudam a integrar a experiência do corpo com a essência do espírito, promovendo um estado de harmonia e equilíbrio.

Além disso, relacionamentos autênticos são fundamentais nesta jornada. Ao nos cercarmos de pessoas que compartilham uma visão semelhante ou que estão abertas à exploração espiritual, criamos um ambiente propício ao crescimento mútuo. As histórias que trocamos, as experiências que vivemos juntos e os desafios que superamos tornam-se parte de um grande mosaico espiritual que enriquece a vida de todos os envolvidos. A conexão humana, quando vivida com presença e empatia, é uma das formas mais puras de vivenciar a realidade de ser seres espirituais em um corpo físico.

Finalmente, ao olhar para a frase "Somos seres espirituais tendo uma experiência física", somos convidados a reimaginar nossa existência. Não somos meros corpos vagando em um mundo material; somos almas vibrantes, cada uma com sua própria jornada, contribuindo para o grande tapete do universo. Cada um de nós carrega uma faísca única de consciência divina, e ao nos conectarmos com essa essência, começamos a perceber que nossa vida física é uma oportunidade preciosa para aprender, crescer e expressar essa luz.

Neste contexto, o conceito de propósito ganha uma nova dimensão. Não se trata apenas de atingir metas materiais ou cumprir papéis sociais, mas de entender que cada ação, cada pensamento e cada emoção é uma contribuição para o todo. Cada desafio enfrentado é uma lição que nos impulsiona a evoluir, e cada momento de alegria é uma celebração da vida e da experiência de ser humano. Ao aceitar que somos seres espirituais, podemos começar a ver nossas interações diárias como oportunidades para manifestar o amor, a compaixão e a sabedoria que habitam dentro de nós.

À medida que mergulhamos mais fundo nesta jornada de autodescoberta, surge a possibilidade de transcender a dualidade entre corpo e espírito. Práticas de atenção plena, gratidão e compaixão tornam-se não apenas ferramentas, mas uma forma de vida. Quando aprendemos a viver no presente, honrando cada momento como sagrado, nossa percepção se expande, permitindo-nos ver além das limitações da forma física. Começamos a perceber que estamos todos interconectados, que as barreiras que muitas vezes construímos são ilusórias e que, no fundo, todos estamos em busca das mesmas verdades universais.

Assim, ao abraçar essa visão mais ampla, a vida se transforma em uma dança cósmica onde cada um de nós é tanto o dançarino quanto a música. A criação artística, a prática espiritual e os relacionamentos autênticos entrelaçam-se em uma sinfonia de experiências que enriquecem não apenas nossas vidas, mas também o tecido da humanidade. O simples ato de viver torna-se então um ato de criação consciente, onde cada um de nós tem a habilidade de deixar uma marca indelével no mundo, inspirando outros a despertar para sua própria realidade espiritual.

Dessa forma, a frase "Somos seres espirituais tendo uma experiência física" nos convida a uma reflexão contínua sobre quem somos e como escolhemos viver. Desafia-nos a olhar além da superfície, a explorar os mistérios de nossa própria existência e a nos abrir para a grandeza do que significa ser humano. Assim, ao nos conscientizarmos dessa verdade, podemos nos tornar agentes de mudança, não apenas em nossas vidas, mas no mundo ao nosso redor. A jornada espiritual torna-se então uma jornada coletiva, onde cada passo dado em direção à nossa essência nos aproxima da unidade, da paz e do amor universal.

Assim, à medida que continuamos a trilhar esse caminho,

podemos lembrar que a experiência física é um presente, uma oportunidade de manifestar a luz que somos. E, ao final de nossa jornada, podemos olhar para trás e perceber que, apesar das dificuldades e desafios, vivemos plenamente como seres espirituais, deixando um legado de amor, compaixão e conexão que transcende o tempo e o espaço. É nessa realização profunda que encontramos o verdadeiro significado da vida: não apenas existir, mas viver com propósito, autenticidade e uma profunda reverência pela beleza de ser.

A ORIGEM DOS MEDOS E A UNIDADE DA CONSCIÊNCIA

"O medo não é a ausência de coragem, mas o triunfo do medo sobre a coragem."

— NELSON MANDELA

Desde o início da humanidade, os medos têm sido uma força motriz na experiência humana. Eles emergem como sombras lançadas sobre nossa consciência, moldando não apenas nossas ações individuais, mas também as dinâmicas sociais que nos cercam. Para entender a origem dos medos, é essencial retornar ao núcleo de nossa existência: a ideia de que todos compartilhamos uma única consciência, uma essência que transcende as limitações do corpo físico e do tempo.

Os medos podem ser vistos como respostas adaptativas desenvolvidas ao longo da evolução para garantir a sobrevivência. Nossos ancestrais, em um mundo cheio de perigos, aprenderam a responder a ameaças de forma rápida e instintiva. Este instinto de sobrevivência, embora vital nos tempos antigos, também gerou uma série de medos que se perpetuam através das gerações. Com o tempo, essas respostas instintivas tornaram-se parte da narrativa coletiva da humanidade, enraizadas em nossas experiências e nas histórias que contamos uns aos outros.

A origem dos medos é, portanto, multifacetada. Eles podem se originar de experiências pessoais traumáticas, mas também são influenciados por fatores culturais e sociais. A sociedade, em sua busca por controle e segurança, muitas vezes alimenta medos que não são intrinsecamente nossos, mas são impostos a nós. Medos como rejeição, fracasso e inadequação se entrelaçam com padrões comportamentais e expectativas sociais, criando uma teia complexa que nos prende em ciclos de ansiedade e insegurança.

No entanto, é essencial reconhecer que esses medos são, em essência, ilusões da mente humana. A mente, em sua busca incessante por controle e previsibilidade, frequentemente cria cenários catastróficos que não correspondem à realidade. Essa ilusão se alimenta da separação que percebemos em nossas vidas diárias. A crença de que somos indivíduos isolados, desconectados uns dos outros e do universo, é uma das principais fontes de medo. Quando esquecemos que todos somos parte de uma única consciência, começamos a ver o mundo como um lugar hostil, onde a sobrevivência se torna a principal prioridade.

A realidade, no entanto, é muito mais sutil e interconectada. A física quântica e as filosofias espirituais nos ensinam que tudo está interconectado. Cada pensamento, cada emoção e cada ação ressoa no tecido da realidade, afetando não só a nós mesmos, mas todos ao nosso redor. Quando reconhecemos nossa conexão, começamos a dissipar as sombras que os medos lançam sobre nossa percepção. A unidade da consciência nos convida a ver que o que tememos nos outros também reside dentro de nós. Ao confrontar nossos medos, não apenas nos libertamos, mas também aqueles ao nosso redor.

A jornada de enfrentar os medos é, portanto, uma viagem interna. Ao olhar para dentro, podemos começar a desmontar as crenças que sustentam nossos medos. Práticas de autorreflexão, meditação e atenção plena nos oferecem ferramentas para observar nossos pensamentos sem nos identificarmos com eles. Essa observação nos permite perceber que os medos são frequentemente apenas pensamentos temporários que não definem quem somos. Quando nos distanciamos da narrativa criada pela mente, começamos a ver a vida de uma nova perspectiva — uma onde a coragem e a compaixão podem florescer.

A humanidade, como uma consciência, tem a capacidade de transcender seus medos coletivos. Quando um indivíduo escolhe abraçar a vulnerabilidade e a autenticidade, isso ressoa além de si mesmo, criando um efeito dominó que pode inspirar outros a fazer o mesmo. A coragem de um único coração pode acender a chama da mudança em muitos. Ao reconhecer que todos estamos interconectados, podemos transformar o medo em amor, a separação em unidade.

Além disso, é vital lembrar que tudo o que experimentamos é temporário. As circunstâncias externas, as emoções e até mesmo os medos que sentimos são efêmeros. A vida, em sua essência, é um fluxo constante de experiências e transições. Quando aprendemos a ver o medo como parte da jornada, em vez de um obstáculo intransponível, começamos a criar espaço para a transformação. Cada medo confrontado se torna uma oportunidade de crescimento e evolução, permitindo-nos descobrir camadas mais profundas de quem realmente somos.

Ao explorarmos a origem dos medos e sua influência sobre nós e sobre a humanidade, somos convidados a reconhecer a grande tapeçaria da vida. Cada um de nós é um fio único, mas juntos formamos um padrão magnífico e complexo que revela a beleza de nossa interconexão. Esta tapeçaria da vida nos lembra que, ao enfrentar nossos medos, não estamos apenas nos libertando, mas também contribuindo para a cura coletiva.

Quando um indivíduo se levanta e decide quebrar as correntes do medo, ele está, em essência, iluminando o caminho para outros que ainda estão presos na escuridão. Esta luz não é apenas uma força individual, mas uma vibração que ecoa por toda a humanidade.

A transformação do medo em amor começa com uma escolha consciente: a escolha de ver o mundo através das lentes da compaixão. Quando começamos a nos ver como parte de um todo, nossas interações diárias se tornam oportunidades para a empatia e compreensão. Cada encontro se torna um reflexo de nossa própria jornada, e o que vemos nos outros muitas vezes reflete o que ainda não enfrentamos em nós mesmos. Esta realização é poderosa, pois nos oferece a chance de aprender e crescer juntos.

É essencial cultivar práticas que nutram essa nova perspectiva. A meditação, por exemplo, nos permite aquietar a mente e nos conectar com a essência de nosso ser. Através da prática, podemos observar nossos medos sem julgamento, permitindo que venham e vão como nuvens passageiras em um céu vasto. Esta prática de aceitação é fundamental, pois nos ensina que não precisamos nos identificar com nossos medos; em vez disso, podemos vê-los como parte de nosso crescimento.

A arte de contar histórias — tanto as nossas quanto as dos outros — desempenha um papel crucial na desmistificação dos medos. Ao compartilhar nossas experiências, criamos um espaço seguro para que outros façam o mesmo. Histórias de superação, vulnerabilidade e conexão têm o poder de unir as pessoas, mostrando que não estamos sozinhos em nossas lutas. Através da narrativa, podemos transformar nossos medos pessoais em algo coletivo, um testemunho da resiliência humana que ecoa através das gerações.

À unidade da consciência nos ensina que, embora os medos sejam parte natural da experiência humana, eles não precisam definir nosso destino. Em vez disso, podemos escolher a coragem, a autenticidade e o amor como nossos guias. Esta escolha não é apenas uma transformação pessoal, mas um movimento que reverbera em toda a humanidade, inspirando outros a se libertarem de suas próprias correntes.

A verdadeira liberdade é encontrada na aceitação de que todos somos parte do mesmo tecido da existência. Ao reconhecer e enfrentar nossos medos, não apenas nos libertamos, mas também contribuímos para um mundo onde a empatia e a compaixão prevalecem. Assim, cada uma de nossas jornadas se entrelaça, criando uma sinfonia de experiências onde cada nota, cada medo superado e cada ato de amor se tornam parte de uma harmonia maior.

Portanto, ao olharmos para o futuro, somos guiados pela esperança de que juntos podemos transformar nossos medos em uma força poderosa para a mudança. Que possamos nos unir com a coragem de sermos vulneráveis, a força para sermos autênticos e a determinação de construir um mundo onde a unidade da consciência seja celebrada. Pois, no final, somos todos um — uma única consciência navegando pelas complexidades da vida em busca de significado, conexão e amor.

À medida que avançamos nessa jornada de transformação, é essencial reconhecer que a mudança começa dentro de nós.

O primeiro passo é a autorreflexão, um convite para olhar para dentro e confrontar nossos próprios medos e inseguranças. Essa introspecção nos permite entender as raízes de nossos sentimentos e comportamentos. Ao fazê-lo, começamos a desmontar as barreiras que construímos ao longo do tempo, permitindo que a luz da compreensão e da compaixão entre em nossos corações.

A prática da gratidão também desempenha um papel vital nesse processo. Ao focar nas coisas pelas quais somos gratos, mudamos nossa perspectiva e começamos a ver o mundo através de uma lente mais positiva. A gratidão nos ajuda a valorizar as pequenas vitórias diárias e reconhecer a beleza que nos cerca, mesmo em tempos difíceis. Essa mudança de foco nos permite cultivar uma mentalidade de abundância, onde o medo e a escassez perdem seu domínio sobre nós.

Além disso, a conexão com os outros é essencial. Em um mundo muitas vezes marcado pela divisão e isolamento, encontrar comunidades que compartilham nossos valores e aspirações pode ser um bálsamo para a alma. Essas comunidades nos oferecem suporte, compreensão, e um espaço seguro para expressar nossas vulnerabilidades. Ao nos unirmos, criamos uma rede de amor e apoio que nos permite enfrentar nossos medos coletivamente, fortalecendo nossa resiliência e determinação.

A educação também é uma ferramenta poderosa na transformação do medo em amor. Ao nos educarmos sobre as experiências e desafios dos outros, somos capazes de cultivar empatia e compreensão. A educação nos ensina que as diferenças que muitas vezes nos separam são, de fato, oportunidades para aprender e crescer. Quando nos abrimos para ouvir e entender as histórias dos outros, começamos a quebrar os preconceitos que alimentam o medo e a desconfiança.

É igualmente importante lembrar que a transformação não acontece da noite para o dia. É um processo contínuo repleto de altos e baixos. Haverá momentos em que os medos ressurgirão, desafiando nossa coragem e determinação. No entanto, são nesses momentos que devemos nos lembrar de que a vulnerabilidade é uma força, não uma fraqueza. Ao aceitar nossos medos como parte da jornada, podemos aprender a dançar com eles em vez de lutar contra eles. Essa dança, cheia de consciência e aceitação, nos capacita a seguir em frente com um coração mais leve e aberto.

Enquanto nos empenhamos na missão de transformar o medo em amor, devemos também nos lembrar de celebrar pequenas vitórias. Cada passo dado na direção da coragem e autenticidade merece ser reconhecido e celebrado. Estas celebrações não só nos motivam a continuar, mas também inspiram aqueles ao nosso redor a se juntarem a nós neste caminho de transformação. Quando compartilhamos nossas histórias de superação e momentos de alegria que surgem ao longo da jornada, criamos um espaço de esperança e inspiração que pode encorajar outros a fazer o mesmo.

É vital que, enquanto buscamos essa transformação pessoal e

coletiva, mantenhamos uma visão de um futuro mais iluminado — um futuro onde o amor e a compreensão são as forças motrizes de nossas ações, um futuro onde as vozes de todos são ouvidas e respeitadas, e onde a empatia se torne a norma, em vez da exceção. Esta visão não é apenas um sonho, mas uma possibilidade real que podemos alcançar juntos, um passo de cada vez.

Portanto, ao olharmos para o horizonte, que possamos nos comprometer a viver pelos princípios da compaixão, empatia e amor incondicional. Que sejamos faróis de esperança em um mundo que muitas vezes parece obscuro, e que cada um de nós se torne um agente de mudança, disposto a transformar medo em amor e criar um futuro mais brilhante para todos. Juntos, podemos tecer uma nova narrativa, uma história de unidade, força e resiliência, onde cada um de nós desempenha um papel crucial na construção de um mundo melhor.

O PALCO DA VIDA

Todos habitamos num cenário vivo, pulsante e em constante mudança. A vida não é uma tela estática; é um filme contínuo onde cada ato se desenrola diante de nossos olhos. A maneira como cada um de nós desempenha seu papel neste vasto palco determina não apenas nossa experiência, mas também a das pessoas ao nosso redor. Como disse o filósofo grego Heráclito uma vez, "Nada é permanente, exceto a mudança." Essa mudança incessante nos convida a refletir sobre o poder que temos em nossas mãos.

Nossas atitudes e emoções são as ferramentas com as quais pintamos nossa realidade. O que pensamos, sentimos e dizemos não apenas molda nossa experiência pessoal, mas também reverbera na vida daqueles ao nosso redor. É um eco que ressoa, afetando o ambiente emocional de todos.

Imagine a cena: um ator que usa habilmente sua voz e expressões para evocar a empatia do público. Assim como no teatro, todos somos protagonistas de nossas narrativas. O que importa não é apenas o que nos acontece, mas como escolhemos reagir a isso.

"O que você faz, faz diferença, e você tem que decidir que tipo de diferença quer fazer", disse Jane Goodall. Essa escolha é o cerne da nossa experiência. Não somos meros coadjuvantes nas histórias dos outros; somos os autores de nossas vidas. Independentemente das expectativas ou opiniões externas, cada um de nós carrega a responsabilidade de interpretar nosso papel com autenticidade. Mesmo que as intenções dos outros sejam boas, a verdadeira transformação vem de dentro.

Dentro de cada um de nós reside um poder imenso—uma fonte inesgotável de energia criativa. Essa energia não está distante nem fora de nosso alcance; ela pulsa dentro de nós, pronta para ser acessada. No entanto, muitas vezes permitimos que as informações que recebemos ao longo de nossas vidas nos condicionem e limitem. A maioria dessas crenças não é fruto de nossa própria criação, mas uma teia de ideias e conceitos perpetuados de geração em geração.

No entanto, quando nos conectamos a essa energia cósmica que nos criou, começamos a desmantelar as barreiras impostas a nós. Podemos reescrever a narrativa de nossas vidas, transformar o que nos aflige e desafiar as limitações que nos foram ensinadas. Como disse Albert Einstein, "A mente que se abre a uma nova ideia nunca retorna ao seu tamanho original." Ao abrirmos nossas mentes a novas possibilidades, podemos transcender limitações e criar experiências ricas e significativas.

Portanto, lembre-se de que a vida é uma arte, e você é o artista. A paleta de cores, emoções e experiências está em suas mãos. Ao assumir o controle de sua história, você não apenas se transforma, mas também inspira outros a fazerem o mesmo. O palco da vida é vasto e cheio de oportunidades; é hora de brilhar e deixar sua marca indelével nesta obra-prima chamada existência.

O PODER DE UM SIMPLES SORRISO

Um sorriso genuíno carrega consigo um poder transformador que muitas vezes subestimamos. Essa expressão simples, porém profunda, transcende barreiras culturais e linguísticas, sendo uma linguagem universal que comunica alegria, bondade e a essência da conexão humana. Como disse a famosa escritora e ativista Maya Angelou, "As pessoas vão esquecer o que você disse, as pessoas vão esquecer o que você fez, mas as pessoas nunca vão esquecer como você as fez sentir." Um sorriso genuíno é uma forma poderosa de fazer os outros se sentirem valorizados e amados.

Antes de mais nada, um sorriso genuíno tem o poder de iluminar o dia de alguém. Quando sorrimos autenticamente para outra pessoa, transmitimos uma mensagem clara de que nos importamos. Esse gesto simples pode ser como um raio de sol atravessando um dia nublado, trazendo esperança e renovação. A escritora Helen Keller uma vez disse, "Nada pode ser mais significativo do que um sorriso." De fato, um sorriso pode mudar instantaneamente o humor de alguém, criando um ambiente mais leve e positivo.

Além disso, o poder de um sorriso se estende à capacidade de criar conexões significativas entre as pessoas. Um sorriso é um convite à interação, mostrando que estamos abertos a nos conectar emocionalmente. Essa conexão pode levar a interações mais autênticas, fortalecer relacionamentos existentes e até mesmo dar origem a novas amizades. O famoso filósofo e educador Jean-Paul Sartre afirmou, "Se você me entende, isso é bom; se você não me entende, isso é um sorriso." Assim, um sorriso genuíno tem o potencial de abrir portas e construir pontes entre indivíduos de diferentes origens e perspectivas.

O impacto positivo de um sorriso também se reflete em nossa saúde mental e emocional. Quando sorrimos, nosso corpo libera endorfinas, conhecidas como "hormônios da felicidade", que agem como analgésicos naturais e melhoram nosso bem-estar geral. Estudos mostram que sorrir pode reduzir o estresse, aliviar a ansiedade e até melhorar o sistema imunológico. O autor e professor de psicologia Shawn Achor observa que "a felicidade não é o resultado do sucesso, mas sim a fonte dele". Portanto, um sorriso não apenas ilumina o dia de alguém, mas também reflete em nossa própria felicidade e confiança.

E, o mais impressionante, um sorriso é contagioso. Quando sorrimos para alguém, é muito provável que essa pessoa sorria de volta. Esse efeito em cadeia pode se espalhar rapidamente por uma comunidade, criando um ambiente mais positivo e acolhedor. O famoso psicólogo e filósofo William James disse: "A ação parece ser uma fonte de emoção." Um simples ato de gentileza, como um sorriso, pode inspirar uma série de atos bondosos, mostrando que a bondade é de fato uma habilidade que podemos cultivar e compartilhar.

O valor de um sorriso genuíno vai além das palavras. Ele pode trazer alegria, criar conexões significativas, promover a saúde mental e emocional e espalhar bondade pelo mundo. É um lembrete de que, mesmo em tempos difíceis, a simplicidade de um sorriso pode ter um impacto profundo. Portanto, nunca subestime o poder de um sorriso. Da próxima vez que encontrar alguém, lembre-se do impacto que um sorriso genuíno pode ter e compartilhe-o generosamente. Afinal, como disse o grande filósofo grego Aristóteles, "A felicidade depende de nós mesmos." E muitas vezes, começa com um simples sorriso.

A Alquimia do Desejo

(mantra) - "Minha visão é clara e meu coração está aberto. O sucesso e a felicidade gravitam ao meu redor.

Os obstáculos desaparecem à medida que minhas intenções se fortalecem e meus desejos se realizam sem esforço."

— LOUISE HAY

A suave luz do amanhecer filtrava-se pelas cortinas, criando um padrão de sombras dançantes no chão. Sentada na beira da cama, Lara fechou os olhos e respirou fundo. "Minha visão é clara e meu coração está aberto. O sucesso e a felicidade gravitam ao meu redor." Essas palavras ecoavam em sua mente, como um mantra que ela havia repetido inúmeras vezes. Era uma poderosa lembrança de que o que ela desejava estava ao seu alcance, se apenas tivesse a coragem de se permitir.

Inspirada pela sabedoria de Ralph Waldo Emerson, que disse: "O que está por trás de nós e o que está diante de nós são coisas insignificantes comparado ao que está dentro de nós", Lara refletiu sobre sua jornada. Cada momento de dúvida e cada obstáculo que enfrentou tornou-se uma parte essencial de quem ela era. O caminho não foi fácil, mas cada desafio a moldou, ensinou e a preparou para o que estava por vir.

Enquanto se levantava e se dirigia à janela, a cidade lentamente acordava. Os sons da vida urbana misturavam-se com o canto dos pássaros, e Lara sabia que o dia estava cheio de possibilidades. Ela se lembrou das palavras de Maya Angelou: "Você não pode controlar todos os eventos que acontecem com você, mas pode decidir não ser reduzido por eles." E assim, decidiu que hoje seria diferente. Hoje, ela não deixaria medos e inseguranças embaçando sua visão.

Com determinação, Lara começou a escrever em seu diário. "Os obstáculos desaparecem à medida que minhas intenções se fortalecem." Esse era seu mantra para o dia. Enquanto colocava a caneta no papel, permitiu-se sonhar grande. Quais seriam seus objetivos? O que realmente a fazia feliz? Começou a listar suas intenções, desde pequenas conquistas diárias até grandes sonhos de vida.

"Meus desejos se realizam sem esforço." Esta afirmação parecia mágica, mas Lara sabia que a verdadeira mágica estava na ação. Para cada desejo, ela traçou um plano. Quais passos seriam necessários? Que recursos ela precisaria reunir? O papel se encheu de ideias e estratégias, e enquanto escrevia, sentia a energia vibrante do universo alinhando-se com ela.

Mais tarde, ao se encontrar com amigos, Lara compartilhou sua nova perspectiva. "O sucesso não é apenas o que você conquista na vida, mas o que você inspira os outros a fazer." As palavras de Eleanor Roosevelt ecoavam em sua mente, e ao olhar para seus amigos, percebeu que eles eram uma fonte de apoio mútuo. Juntos, discutiram suas aspirações, encorajando-se mutuamente a sonhar e agir.

Naquela noite, após um dia repleto de reflexão e conexão, Lara sentou-se para meditar. Visualizou seus desejos, sentindo a emoção de já tê-los realizado. A cada respiração, lembrava-se das palavras de Paulo Coelho: "Quando você quer alguma coisa, todo o universo conspira para que você realize seu desejo." Era um lembrete de que ela não estava sozinha em sua jornada; o universo estava ao seu lado.

Lara adormeceu com um sorriso nos lábios, sabendo que o amanhã traria novas oportunidades e que, com uma visão clara e um coração aberto, ela poderia transformar seus sonhos em realidade.

A RESPONSABILIDADE DA CONSCIÊNCIA

No vasto tapete da história humana, poucos momentos são tão cruciais quanto aqueles em que a indiferença se instala nos corações das pessoas. Martin Luther King Jr. nos lembra que o perigo real não reside apenas na opressão exercida pelos que estão no poder, mas na apatia silenciosa daqueles que poderiam fazer a diferença - as pessoas "boas". Essa indiferença é um veneno que infiltra as profundezas da sociedade, sufoca a esperança e perpetua a injustiça. Se não formos vigilantes, essa apatia pode se transformar em um abismo, onde o sofrimento se torna a norma e a compaixão uma exceção.

O que significa ser "bom" em um mundo cheio de desigualdades e injustiças? A resposta não é simples. No entanto, Pitágoras nos oferece uma reflexão profunda ao afirmar que "embora as leis sejam necessárias para os homens, elas não são suficientes para garantir a liberdade." As leis, por mais justas que possam ser, muitas vezes falham em abordar as nuances da moralidade humana e da responsabilidade social. Elas podem estabelecer limites, mas não têm o poder de tocar os corações e as mentes das pessoas. A verdadeira liberdade não é encontrada ao seguir regras, mas ao agir consciente e eticamente.

Essa consciência coletiva é o que nos separa de um ciclo interminável de destruição e dor. Pitágoras, em sua sabedoria, também nos alerta: "Enquanto o homem continuar a ser o destruidor implacável dos seres vivos inferiores, ele nunca conhecerá a saúde nem a paz." Esta afirmação ressoa em nossos dias, onde a exploração desenfreada da natureza e o desrespeito pelas vidas de outras espécies são evidentes. O que estamos semeando em nosso mundo? Se continuarmos a cultivar violência, ganância e indiferença, inevitavelmente colheremos um futuro cheio de dor e tristeza.

A interconexão de todas as formas de vida é um conceito que muitas vezes esquecemos. A saúde do nosso planeta e de suas criaturas está intrinsecamente ligada à nossa própria saúde. Quando prejudicamos a terra, poluímos rios, exterminamos espécies e ignoramos o sofrimento dos outros, estamos, na verdade, cavando nossa própria sepultura. "Aquele que semeia as sementes do assassinato e da dor não colherá alegria e amor." Esta é uma verdade que transcende o tempo e o espaço, uma lição que todos precisamos internalizar.

Portanto, a responsabilidade recai sobre cada um de nós. O que podemos fazer para combater a indiferença? Como podemos nos libertar das amarras de leis que não promovem a verdadeira liberdade? A resposta está em cultivar uma consciência ativa. Não se trata apenas de agir em momentos de crise, mas de desenvolver um compromisso diário com a justiça, a compaixão e a empatia.

Isso significa ouvir vozes silenciadas, amplificar os pedidos de ajuda que ecoam nas margens da sociedade e reconhecer que todo ato de bondade, por menor que seja, pode ter um impacto profundo. Significa educar a nós mesmos e os outros, desafiar as normas que perpetuam a desigualdade e a dor. Significa lutar contra a indiferença que, como uma sombra, se estende por nossas vidas.

Em um mundo que muitas vezes parece estar desmoronando, a esperança ainda brilha. A mudança começa quando decidimos não ser espectadores passivos, mas protagonistas ativos na busca por um mundo mais justo e equilibrado. Cada um de nós tem o poder de transformar a realidade, semear amor e compaixão e cultivar um futuro em que todos possam florescer.

Ao refletirmos sobre as palavras de Martin Luther King, Pitágoras e tantos outros, somos chamados a agir. A história nos observa, e as futuras gerações dependerão de nossas escolhas. Que possamos, então, abraçar a responsabilidade que vem com a consciência e trabalhar juntos para criar um mundo onde a indiferença não tenha lugar, onde a liberdade seja um direito para todos e onde a paz e a saúde possam finalmente ser estabelecidas.

Obrigado por embarcar nesta jornada comigo. Que possamos continuar a explorar o poder da palavra escrita e a magia que ela traz. Até a próxima aventura!

Com gratidão,
Miguel Almeida

No silêncio da sua respiração, ouça o seu coração.
É lá que vive a sua verdadeira essência.
Deixe uma marca no mundo que não possa ser apagada.
O melhor de mim hoje por um mundo melhor.
Deixe seu coração falar - Ouça em silêncio.